2版

# 超脑思维

## 超越IQ的全脑思维游戏

邹　夫/著

BRAIN

中国法制出版社
CHINA LEGAL PUBLISHING HOUSE

# 序

## 重启大脑认知力的超脑思维

2014 年 12 月，由一批神经可塑性领域的科学家牵头，总共 127 位科学界人士联名，发表了一封公开信，反驳了在此之前 69 位科学家发表的观点——智力游戏无法提高大脑认知能力。[①]

这 127 位科学界人士认为，诸多证据表明，特定的认知训练可以显著地改善认知功能，而且这种训练可以推广到日常生活中。他们还附上了 132 篇“直接证明大脑训练可以改善认知”的研究文献。

阿拉巴马大学伯明翰分校心理系主任卡尔莲·鲍尔（Karlene Ball）表示：“过去 40 多年里，我和许多科学家，以及数以千计的志愿者在认知训练领域开展了研究工作。这些研究显示，合理设计的认知训练可以显著改善认知水平，并提高生活质量。这些训练可以让人们头脑更灵活，也可以预防老年人的记忆退化。”

即便代表不同观点的两派科学家各执一词，但有研究表明，通过智力游戏的方式的确可以改善认知能力。科学家建议，就像锻炼身体一样，锻炼大脑的训练也不要终止，否则会失去效果。

大脑研究专家、医学博士加藤俊德认为，随着年龄的增长，

---

① 数据来源：https://www.cognitivetrainingdata.org

# 序

人的大脑会和身体机能一样逐渐衰老，而恰当的大脑训练甚至可以有效减缓衰老的速度。

训练大脑的方法有很多种，游戏是其中主要的方式之一，通过游戏中的思维训练，我们的大脑认知力将会得到提升。

这是一本使大人和孩子都能受益的思维游戏书，对于小朋友来说，通过益智游戏可以不断激发大脑潜能，以期更好地成长；对于大朋友来说，工作之余玩几个简单的小游戏，则能够有效延缓大脑衰老。

益智游戏作为由来已久的创造力游戏，能强化我们的思维，让我们在日常学习和工作中敢于突破常规，另辟蹊径，用全新的方式思考、解决问题。

全书由数百个新颖有趣的题目组成，要想完成其解答，需要打破惯性思维，大胆想象，运用逆向思维等方式去思考。日积月累，可以磨炼出具有创造力的头脑。

在本书的编写过程中，笔者收集和整理了国内外大量书籍、报刊中的各种相关资料。因篇幅所限，无法一一致谢，值此书出版之际，向所有先于本书从事益智游戏研究的同行致以衷心的谢意，并期许热爱益智游戏的朋友们能从中发现快乐。

# 目录

# 目录

# 目录

# 目录

目录

# 目录

# 目录

# 目录

# 目录

# 目录

/ 第一章 /

# 欲罢不能的益智游戏

锻炼思维有很多种方式，玩游戏是其中之一。遵循大脑的成长规律，让益智游戏激发思维潜能。

## Q1　坐车的选择

霍永明每天坐车上下班。电车和汽车都可以坐，而且电车和汽车的站牌都在他家附近。两种车都是每 10 分钟开过一辆，汽车总是在电车后面，相差 1 分钟进站。霍永明原来觉得自己坐电车和坐汽车的比率应该是等同的，但过了一个月，却发现自己坐电车的比率为 90%，而坐汽车的比率为 10%，你知道这是怎么回事吗？

## Q2　厨师巧分生熟蛋

李家为宴请宾客买了 100 只鸡蛋准备做菜肴。厨师把其中的一半煮熟了，放在一旁。不巧，新来的徒弟将生鸡蛋混入其中了。徒弟费了很大的劲也不能把生、熟鸡蛋分开，厨师却很容易地把它们分开了，你知道厨师采用的是什么方法吗？

## Q3 有趣的拔河比赛

一个班级有 A、B、C、D 四个小组。有一天，这四个小组的学生进行了一次拔河比赛。比赛结果是：当 A、B 二组为一方，C、D 二组为另一方的时候，双方势均力敌。但当 A 组与 C 组对调以后，A、D 一方轻而易举地战胜了 C、B 一方。然而，B 组的学生并不气馁，他们自己同 A、C 两组分别较量，结果都胜了。

请问，四个组中，哪组力气最大，哪组第二，哪组第三，哪组力气最小？

## Q4 不讲公德的读者

图书馆的书经常被一些读者偷偷撕去若干页。有一次，管理员小马发现刚还回的一本外国杂志被撕去了第 21、42、84、85、151、159、160、180 页。小马抓住了这个不讲公德的读者，决定按照规章罚款，每张纸 10 元。你知道应该罚这个读者多少钱吗？

## Q5 “时钟老人”的双手

“时钟老人”是位爱好运动的人，每天不停地挥舞着双手（时针和分针）——一长一短、一快一慢。那么问题来了，“时钟老人”的双手（时针和分针）在一昼夜之间重合了多少次？垂直了多少次？

## Q6 美味的华夫饼

杨小姐是个爱做饭的姑娘，有一次，她想用平底锅为恋人煎华夫饼，但每次锅里只能放 2 张饼，煎熟 1 张华夫饼需要 2 分钟（正反面各需要 1 分钟），为了赶时间出门约会，她必须花最短的时间煎好 3 张饼，请问至少需要几分钟，要怎么煎呢？

## Q7　海盗辨真伪

海盗船长率领手下们抢劫了 10 箱宝石，但是其中有一箱被贪心的手下换成不值钱的假宝石了。10 箱宝石外形和颜色都一样，只是重量上有差别；真宝石每颗重 100 克，假宝石每颗重 90 克。后来手下的花招被海盗船长发现了，船长只用一个天平称了一次，就把这箱假宝石检查出来了。你知道是怎样检查的吗？

## Q8　有趣的存钱数目

张、王、李、赵四个人一同到银行储蓄，一共存了 112 元。有趣的是，张存的钱数加上 3 等于王存的钱数减去 3，等于李存的钱数乘以 3，等于赵存的钱数除以 3。你能算出他们各存了多少钱吗？

## Q9　沙漠中的同伴

9 个探险者来到传说中的迷宫寻找宝藏，但是不幸在迷宫中迷了路，他们所带的饮用水只够喝 5 天。第二天，他们发现了一些足印，知道另一批人也在迷宫中，于是跟着印记去寻找。找到后却发现，另一批人已经没有水喝了，两批人合用这些水，只够喝 3 天的，你知道第二批一共有几个人吗？

## Q10　谁拿到最后一根火柴

莉娜和藤井两个人一起玩游戏，比赛轮流拿火柴，规定每次只能在 1—6 个的范围内任意拿，拿到最后一根火柴的人赢。如果最初桌子上有 30 根火柴，那么请你想一想，怎么拿才能拿到最后一根火柴呢？

## Q11　上上下下的学问

古时候有一口神秘的井，传说谁要是能爬到井底再爬出去，就可以获得长生不老的能力。有一次，来了一只蜗牛，它到达井底以后，开始往井口爬。井深 3 米，它白天可以向上爬 30 厘米，但到了晚上又向下滑落 20 厘米。请问，这只蜗牛爬到井口获得长生不老的能力需花几天时间？

## Q12　几筐宝石

老王挖宝藏，挖到了几筐宝石，用一辆驴车和一辆骡车拉回家。如果把驴车上的一筐搬到骡车上去，骡车的负担将比驴车重 1 倍。如果把骡车上的一筐搬到驴车上去，那么两车的负重就是一样的。请问老王两辆车上各放了几筐宝石？

## Q13　绳子测房屋高度

某建筑队正在给老张翻修房屋。建筑工人甲对乙说："我能用绳子测量出这个房屋的高度。"接着甲便站在房上，拿着乙递上来的一根长绳量了起来。他先把这根长绳折成 4 折后垂下，下端触到地面，上端超出房檐 1 尺 5 寸；再折成 5 折垂到地面上，上端离房檐还差 5 寸。这样，他就算出了房屋的高度。你知道应该怎么算吗？

## Q14　怎么分的钱

张华、李勇、王刚三个人是好朋友。王刚早年丧妻，家务由女佣操持。张华也是单身，目前与女儿同住，他提议当李勇结婚时，一伙人与他们夫妻同住，以便互相照料。他们还商定：每月每人（不分男女）交2500元作为生活费，月底结账时，余钱大家可以平均分。

第一个月的花费为9200元，每个人却都分到余钱200元。请问这是为什么？

## Q15　黑牌与红牌

小刚与小花在礼拜天的下午一起玩扑克牌游戏。小刚将52张去掉大小王的扑克牌认真洗开后，分成两叠，每叠26张。这时左手一叠中黑牌的张数与右手一叠中红牌的张数相等。请问，再洗8次的话，左手一叠中黑牌的张数与右手一叠中红牌的张数有几次相等？

## Q16　测量梨的体积

古时候有一个国家很特别，卖东西不用称，不计算东西的重量或者数量，而是按照东西的体积计价。如果让你去卖一筐梨，不称它的重量，又不能计算这个不规则外形的周长，你有什么办法能测出它的体积吗？

## Q17　巧算书的页码

科学家在某个洞穴发现了一些古人的踪迹，他们留下了一批排印书上页码的铅字，共计 2775 个。科学家根据这些铅字页码，马上算出了这本古书的总页码。你知道他是怎么算的吗？

## Q18　太阳远近的争论

《列子 · 汤问》中有这样一则故事：一天孔子去齐国游历，路边有两个孩子在争论太阳的远近。

甲说：“太阳出山时凉爽，中午却很炎热，因此中午太阳距离我们近。”

乙说：“太阳出山时像车轮一样大，中午却小得像碟子，因此出山时太阳离我们近。”

孔子听了，分不出谁说得对。你觉得甲和乙谁说得有道理呢？

## Q19　巧用请柬斗顽敌

第二次世界大战期间，在法国的一个小镇驻扎着一支德国的侵略军。一次，德国指挥官海格姆上校在他的指挥部宴请各界人士。为了安全，发送的请柬是两张相同的连在一起的红票。宾客在进第一道岗时，撕去一张红票，另一张则在进指挥部时交给门卫；如果有事外出，则发给一张“特别通行证”。凭此证进出第一道岗，给哨兵看一下，进指挥部时才收掉。

法国抵抗组织设法搞到了两张请柬，决定用这两张请柬巧妙地安排三个游击队员进入指挥部，另外十几个游击队员通过第一道岗，埋伏在指挥部外，里应外合，打击这支德国驻军。

可是只有两张请柬怎么够用呢，你知道游击队是怎么安排的吗？

## Q20　月亮上的时钟

这里是月球，有手表、闹钟、电子表和摆锤时钟四种计时工具，只有一种走得特别慢，是哪一种呢？

## Q21　积蓄了多少零用钱

妈妈每月都给儿子一些零用钱。因为妈妈是个作家，每次她写完一篇文章，就给儿子一次零用钱，而且这一天的日期就是她给钱的数目，比如本月 10 日她写完一篇文章，就给儿子 10 元钱。有一个月，儿子把这些零用钱统统积蓄起来，他记得这个月妈妈共给过他五次零用钱，每周一次。第一次恰好是星期六，他得到 4 元钱；以后的四次，一次是星期三，一次是星期五，两次是星期四。这四次的先后顺序已经记不清了。请你算算看，这个月儿子一共积蓄了多少钱？

## Q22 快艇的秘密

某国情报组织的情报员奉命去弄清一个海湾中敌军快艇的数量。得知有两批快艇开到这个海湾，于是他将两批快艇的数量分两封信寄到情报组织的指定地点。第一封信写道："口袋里的金币有 34+23=48（个）。"情报机关知道这是密码，口袋代表海湾，金币代表快艇，至于加法算式，需将每个数字都按照一定规律加或者减相同的数，应该是：25+14=39（艘）。

第二封信写道："第二个口袋里的金币有 51+55=97（个）。"你知道第二批有多少艘快艇吗？

## Q23 住户知多少

刚刚落成的公寓大楼共有三层，每层仅一套公寓。

最先搬进来的沃顿夫妇住进了顶层，莫顿夫妇和刘易斯夫妇则根据抽签的结果，分别住进了下面两层。莫顿夫妇感到非常满意，他们没有什么怨言。事实上，整幢楼里唯一有意见的是珀西，他希望住在他楼下的吉姆不要总是把电视开得很大声。

除此之外，这三家房客之间的关系一直很融洽。罗杰每天早上下楼路过吉姆的门前时，总要进去坐一会儿，然后两个人一起去上班。到中午 11 点时，凯瑟琳总要上楼去和刘易斯夫人一起喝茶。

丢三落四的诺玛觉得住这种公寓非常方便，因为每当她忘了从商店买回什么东西时，总可以下楼去向多丽丝家借。

请问这三对夫妇分别叫什么名字？姓什么？住在哪一层？

## Q24　神秘的走私品

霍顿有一份很体面的工作，就是在边关检查那些入境车辆是否带有走私物品。

除周末外，每天下午时分，他总是看见一个衣着干净的男人，从山坡下面用自行车推着一大捆稻草向入境检查站走来。每当这时，霍顿总要叫住那人，要他将草捆解开，接受严格而详细的检查，接着将他的每个衣袋也都翻个遍。他通过经验感觉这人是在搞走私，却苦于查不出走私物。

退休的前一天，霍顿对那人说："今天是我最后一班岗。我知道你一直在携带走私物品入境。你能否告诉我究竟贩运的是什么物品？我会为你保守秘密，绝不食言！"

那人沉吟片刻，最后，终于向霍顿透露了底细。

你能猜出走私物品是什么吗？

## Q25　巧分黄瓜

甲、乙、丙、丁要平分三根黄瓜。议定在不切断黄瓜的前提下，每人要得到相同的量，他们想了很久也没想出办法。一个小女孩走过来说："这很容易。"很快就把这个难题解决了。你知道她是怎样解决的吗？

## Q26 迷阵中的男孩和女孩

在公园里，有一群男孩和女孩正在用砖墙围起来的迷阵里玩耍。砖墙近一人高，他们只能看见其他人戴着的帽子。男孩戴的都是蓝色的帽子，女孩一律戴红色的帽子。每个男孩看到的蓝色帽子与红色帽子一样多；而每个女孩看到的蓝色帽子比红色帽子多一倍。男孩和女孩各有多少个？

## Q27 怎样驶到加油站

铭铭和甜心约定，各自驾驶自己的汽车去自由行。

两个人一路上欣赏路旁美丽的田园风光，都很高兴。不久，他们发现每辆汽车的汽油都只够开 4 公里了。而从这里到加油站还有 5 公里。两个人想向过往车辆求助，但很不凑巧，半天竟没有一辆汽车从他们那里经过。于是，铭铭提出，把自己车内的汽油加到甜心车内，再由甜心的车到加油站加油。

可是两个人谁也没有带加油工具，请问有没有别的办法可以使他们到加油站加油呢？

## Q28　摔不碎的玻璃杯

李明站在 600 米高的山顶上，向下扔一只玻璃杯。奇怪的是玻璃杯下落 600 米，却没有摔碎。山脚下没有茂密的草或树，也未放置厚棉花之类的物品。你知道玻璃杯为什么没碎吗？

## Q29　自行车的价值

大学放暑假了，丽丽到一家自行车店勤工俭学。车店经理给她的报酬是：干 7 个星期给 1 辆新车和 3000 元。但是丽丽只做了 4 个星期就因为有事不干了，结果经理给了她 1 辆新车和 300 元，你知道这辆车值多少钱吗？

## Q30　聪明的恩彩

从前山里住着一个十分吝啬的巫婆。有个小女孩叫恩彩，因为家中贫穷，就给巫婆当用人赚取家用。恩彩每天起早贪黑给巫婆干活，不但得不到太多报酬，吃的还是残羹剩饭。可巫婆仍然嫌她干活少，吃得多。

有一天，巫婆对恩彩说："我有一个谜语，你若猜不中，以后都别想拿到钱了。"说罢念道："有一样世界上最难吃和最好吃的东西，只有它，最难吃；没有它，不好吃。"让恩彩猜这是什么食物，恩彩一猜就猜到了，巫婆只得继续付给她工钱。

后来，巫婆不甘心，又拿出一块石头和一块冰糖，对恩彩说："你马上把它们都砸成碎粉掺在一起，晚上我有用。"说罢就出去了。等巫婆回来，恩彩已经将石头、冰糖砸碎，掺好了。巫婆却说："你用这些碎粉给我冲一杯冰糖水来，不许有一粒石粉，不然你的工钱就要取消。"聪明的恩彩也把这个难题解决了。你知道她用的是什么办法吗？

## Q31　猫兔赛跑

小军养了一只猫和一只兔子。一天，他把它们放在同一条起跑线上让它们赛跑。兔子跑到 10 米时，猫才跑了 9 米。为了让猫和兔子同时到达 10 米终点线，小军第二次让它们赛跑时，将兔子的起跑线往后移了 1 米，他认为这样猫和兔就能同时到达终点线。你认为他这样做对吗？

## Q32　卖酒人遗产的分配

一位卖酒人，死后留下装满酒的酒杯 7 个、装了一半酒的酒杯 7 个、空酒杯7个，给3个儿子。同时在遗言中交代，3个儿子得到的装满酒的杯子、一半酒的杯子和空酒杯数必须相等。请你想一想，这些酒杯应该如何分配。

## Q33　买几盒口香糖

李壮壮参加游乐场的游戏活动，每盒口香糖内都有红、绿、黄、白卡片之中的一种，收集到两张同样颜色的卡片就可以得到奖品。

请问，为了确保得到奖品，需要买几盒口香糖？

## Q34　笔记本的数量

李老师买来一批笔记本，准备分发给同学，每位同学 5 本。可是，又来了 3 位新同学，李老师决定也送他们几本。分完之后，每位同学得到 4 本笔记本。

请问李老师买了几本笔记本？原先预定分到笔记本的同学有几位？

## Q35　卡车过危桥

一天，司机王师傅驾驶着一辆装满货物的大卡车通过一座年久失修的大桥。他在离桥不远的地方下了车，用一根绳子用力敲打车上一个又高又大的箱子，敲打一阵子以后，他立即跳上驾驶室，飞快地开车驶过桥去。

大家对他的做法感到很奇怪。王师傅解释说，卡车的箱子里装着几百只鸽子，占相当大的重量。对于这座桥能否承受这么大的重量，他没有把握。他想通过敲打箱子把鸽子都震起来，这样就可以减轻汽车的重量，使桥承受的压力减小，好顺利通过这座大桥。

王师傅的想法正确吗？

## Q36 她的手表准吗

艾杜纱买了一块手表，戴上的第一天就比家里的闹钟每小时快 2 分钟。

艾杜纱对弟弟说："我的运气真不好，这表一小时快 2 分钟，一天就要快 48 分钟，误差也太大了。"她弟弟说："不一定是你的表走得不准，也可能是闹钟不准呢！"

他们拿着闹钟去对电视台的标准时间，发现家里的闹钟比标准时间每小时慢 2 分钟。艾杜纱高兴地说："我的表每小时比闹钟快 2 分钟，而闹钟比标准时间每小时慢 2 分钟，可见我的表准得很呢！"她弟弟仔细想了想说："你的表还是不准。"

请你想想，她弟弟说得对吗？

## Q37　运猪过河

有 100 只猪，需要把它们从河的南岸运到北岸，但是只有一艘船。如果分三次运，每次装的数量要相同，你有什么办法吗？

## Q38　应付款之谜

王英从一家二手商店买了几样商品，付款时，有趣的店员告诉他今天店里有活动，如果能够答出店员给出的题目，那么下次购物就能打 5 折。店员用如下方式告诉他应该付多少钱："请您把现在时间的整数部分乘以 2，再乘以 1.5，把所得结果除以从午夜到现在所经过的小时数，再加上 1.15 元，就是您应付的钱数。"

王英看了一下自己的手表，算好了价钱付款后，便离开了百货商店。过了一会儿，他忽然发现，他的手表快了整一个小时。

他多付了多少钱？实际应该付多少钱？

## Q39　搬家带来的烦恼

有对夫妇刚搬至新家不久。新家有 6 个房间，但是堆满了杂乱的东西，两夫妇为此伤透了脑筋。因为他们有床、餐桌、沙发、冰箱以及大书桌等五种大型家具，而且还有其他各式各样的小家具。这五种大家具，不可能两种同放于一个房间内。

由于忙乱，搬家工人把冰箱和床放错了房间，这对夫妇为把这两种家具放回原处，已经在桌子上进行数小时的“沙盘演练”了。

他们用威士忌瓶代表床，刷子代表冰箱，此外电熨斗、胡椒粉与捕鼠器代表其他家具。每次移动这些东西一次，使威士忌与刷子能够对调位置。请问最少需要移动几次才能完成？

## Q40 死里逃生

有一名残暴的法官又要开始执行死刑了，通常有两种刑法供选择：枪毙或者绞刑。这一次，法官为了拿犯人寻开心，执行前宣布说两种刑法可以由犯人自己选择。如果犯人选择的死法与法官要执行的一致，就枪毙他，如果不一致，就绞死他。这个独出心裁的主意其实是很残忍的，不料犯人却借助这一机会死里逃生了。犯人用的是什么方法呢？

## Q41 猎人避火

某村有一个猎人。有一天，他正在荒草丛生的大草甸上打猎，不料有一位老汉开荒种地，放了一把火，转眼间，火呼呼地燃烧起来。猎人要跑，却无处可逃。怎么办呢？猎人沉着地想了一会儿，终于想出了一个避开火的好办法。你知道他是怎么脱险的吗？

## Q42 前因后果

某班得到一张晚会入场券，小英和小敏都争着要去。老师犹豫不决，让谁去呢？于是，决定让她俩来一次智力竞赛，由胜者去参加。

桌子上有一叠本子，老师就把这张入场券夹在最下面一本里面，对她俩说："这是54个本子，你俩轮流来取本子，每次要取而且只能取1—5本，谁拿到最后一本，里面的这张券就给谁。"

她俩紧张地思索着，不敢轻易下手。是啊，"前因"必然导致"后果"。先取好还是后取好，每次应该取几本，是得要好好考虑一番！

现在请你也考虑一下，如果要你参加这样的竞赛，应该怎样取呢？

## Q43 译密码

在一个宽敞、明亮的教室里，一群孩子正兴致勃勃地做译英语密码的游戏。

游戏规则是这样的，以1—26这26个数字顺次代表A—Z这26个英语字母，用这26个数字组成密码来传递各种信息。

例如

9，14，20，5，18，5，19，20，9，14，7

13，1，20，8，5，13，1，20，9，3，19

就表示

interesting mathematics

（有趣的数学）

然而，为了使密码不轻易被别人识破，有时候会把每个数都相应地加上或者减去同一个正整数，并且在密码的结尾写上处理的方法（或者用其他方法）通知密码的接收者。接收者在收到密码后应该先将它还原再译。

例如前面的密码可以改写成：

19，24，4，15，2，15，3，4，19，24，17

23，11，4，18，15，23，11，4，19，13，3　N+10

密码最后的“N+10”表示原来的数字每个都相应地加上了10。密码的接收者在接到密码时，应该先将每个数都相应地减去10以后再译。这里特别要指出的是，在处理密码时，如果原来的数加上10以后大于26，要将加得的结果减去26。例如，上面的密码里，原来的20加上10为30，但写在密码里应该是20+10−26=4；而在译密码时，4−10=−6是一个负数，此时则要将这个负数再加上26进行还原：4−10+26=20。

下面就请你把下列三组密码翻译出来吧！

23，5　19，8，1，12，12　3，15，13，5　1，20　19，9，24

2，16，13　2，26，9，17，22　17，1　20，13，9，4，17，22，15

14，23，26　1，16，9，22，15，16，9，17　2，23，21，23，26，26，23，5　N+8

7　21，7，17，6　7　1，13，19，10，2　18，25，9，3　25

18，16，7，14　18，13　18，6，3　11，13，13，12　N−2

## Q44 择优应聘

这一天，一位朋友找到正在找工作的理查德，对他说："你不是正在找工作吗，我知道有两家公司现在正在招聘职员。A 公司的待遇是年薪 1000 欧元，每年增加 200 欧元；B 公司的待遇是半年 500 欧元，每半年增加 50 欧元。"

理查德听了朋友的话，从收入这个角度出发考虑了一下，便选择了一家公司应聘去了。请问理查德选择的是哪家公司呢？他为什么要这么选择？

## Q45 三人分羊

很早以前，草原上住着一位老人。老人临终前，将他的三个儿子叫到身边，对他们说："我不行了！我没有什么财产留给你们，只有 19 只羊，你们把它们分了吧！老大分得总数的二分之一，老二分得总数的四分之一，老三分得总数的五分之一。"

没过多久，老人便去世了。可这 19 只羊该怎样分，兄弟三人发了愁，总不能将羊宰了再按照父亲所说的比例分吧？

就在这时，一位少年牵着 1 只羊从此处经过，见到兄弟三人愁眉苦脸，便上前询问。问明原因后，少年思索了片刻，想出了一个办法。按照这个方法，兄弟三人果真遵照遗嘱将父亲留下的 19 只羊分配好了。

你知道那位少年想的是什么方法吗？

## Q46 财主的善意

从前，有个非常吝啬的财主，家中雇用了十几个长工。

年底，财主把长工老李叫到身边，带着几分“善意”对老李说：“快过年了，我想你手头一定很紧。这样吧，我把身边的钱分给你一半，你呢，只要付给我一块钱的手续费就行了。”

随后，财主又对长工老张、老王、老刘等人说了同样的话。十几个长工都和财主分了钱并付了手续费，最后，财主身边还剩两块钱。

请你想一想，财主一共有多少钱？每个长工又分到了多少钱？

## Q47 酒精和水

两只同样大的量杯，甲杯装着半杯纯酒精，乙杯装着半杯水。从甲杯倒出一些酒精到乙杯内。充分混合后，再从乙杯倒还给甲杯同样多（也就是同样体积）的混合液。请问这时候甲杯中的水和乙杯中的酒精（按体积计算）哪个多？

严格地说，水和酒精混合后，体积有变化。但是由于互倒的量很少，所以体积变化可以忽略不计。

## Q48 奔跑着的狗

某边防站甲、乙两个哨所之间相距 15 公里。一天，这两个哨所的巡逻小队同时从各自的哨所出发，相向行进。甲哨所巡逻小队的速度是每小时 5.5 公里，乙哨所巡逻小队的速度是每小时 4.5 公里。

乙哨所的巡逻小队刚出发，他们带的一只狗便箭似的往甲哨所方向跑去。它遇到甲哨所巡逻队以后，立即转身往回跑。跑到乙哨所巡逻队面前后，又立即转身向甲哨所巡逻队方向跑去……

就这样，这只狗以每小时 20 公里的速度，不停顿地在这两支巡逻队之间来回奔跑，直到这两队哨兵会合为止。请问这只狗来回一共跑了多少路？

## Q49 吝啬的科尔太太

科尔太太是个出了名的吝啬鬼，就连花几分钱称体重这样的小事，也得好好算算。

这一天，科尔太太抱着出生不久的婴儿，带着心爱的小狗，来称体重。为了少花几分钱，科尔太太抱着婴儿站到了体重秤上，又把小狗也放了上来。此时，体重秤上显示的数字是 170 磅。

科尔太太说，她自己的体重比婴儿和小狗的体重之和多 100 磅，而小狗的体重又比婴儿的体重少 60%。

你能说出科尔太太、婴儿和小狗的体重各是多少吗？

## Q50 红铅笔与黑铅笔

一天，魔法师与同学们做了一个数学游戏：

他先拿出三个铅笔盒，在第一个盒子里放进两支红铅笔，在第二个盒子里放进一支红铅笔和一支黑铅笔，在第三个盒子里放进两支黑铅笔，并且在每个盒子的外面都贴上一张小纸片，装两支红的，就在纸片上写“红、红”，装一支红、一支黑的就写“红、黑”，装两支黑的，就写“黑、黑”。接着，魔法师转过身去，不让同学们看见，把三个盒子里的铅笔互相做了调整。然后他又转回身来，把三个关上盖子的铅笔盒放在大家面前，说道："现在每个铅笔盒里仍然都装有两支铅笔，但是没有一个是与纸片上的说明相符合的。你们能不能选定其中一个盒子，蒙住眼睛从中摸出一支铅笔，看一下它的颜色，从而确定每一个铅笔盒里装的两支铅笔分别是什么颜色？"你能确定三个铅笔盒里分别装的是哪两种颜色的铅笔吗？

## Q51 智辨帽色

国王要考一考他的四个儿子。他告诉儿子们，自己有六顶帽子，其中三顶是红的，两顶是蓝的，一顶是黄的。然后，将四个儿子按照大小顺序——大儿子在前，小儿子在后，排成了一列。接着，给他们每人戴上一顶帽子，藏起其余两顶。当他们睁开眼睛后，每个人都只能看见前边人的帽子。这时，国王依次问小儿子、三儿子和二儿子："你戴的帽子是什么颜色？"他们都回答："不知道。"最后，国王又问大儿子。大儿子想了一会儿，正确地说出了自己戴的帽子的颜色。问：大儿子戴的是什么颜色的帽子？

## Q52 粗心的钟表师傅

下午，老张家时钟的指针断了。一位钟表师傅到老张家调换了指针，这时正好下午 6 点，他就将长针拨到 12，短针拨到 6。

这位钟表师傅回到商店，刚要吃饭，老张就急急忙忙地赶来。

“你刚才修的钟还是有毛病。”等钟表师傅吃好晚饭，再一次来到老张家时，已经是 8 点多了。他看了看钟，又对了对表，不禁眉头一皱：

“您看，8 点 10 分刚过，您的钟一分不差！”

老张一看，奇怪！现在钟的确走得很准。

第二天早晨，老张又找到了这位钟表师傅，当然还是因为钟有毛病。钟表师傅第三次来到老张家里，拿出表来一对，7 点多一点，不是挺准吗！

这次老张请这位钟表师傅坐下来，喝杯茶。一会儿，钟表师傅就发现这只钟果然有毛病。

你知道是什么毛病吗？

## Q53 魔法师开会

魔法学校五年级有四个班，每个班有两名班长，每次召开年级班长会议时，各班派一名班长参加。参加第一次会议的是A，B，C，D，参加第二次会议的是E，B，F，D，参加第三次会议的是A，E，B，G。已知H三次会都没参加，请问每个班的班长分别是哪两位？

## Q54 座位的难题

甲、乙、丙、丁四个学生坐在同一排的相邻座位上，座位号是1号至4号。一个专说谎话的人说：“乙坐在丙的旁边，甲坐在乙和丙的中间，乙的座位不是3号。”问：坐在2号座位上的是谁？

## Q55 奇数还是偶数

德莎到山洞里面寻求宝藏，这时她发现了几张纸条，纸条上面说，要把这几道题答对了才能获得宝藏，你能算出这几道题的答案吗？

1. 99个连续的自然数相加，其和是偶数还是奇数？

2. 99 个连续的奇数相加，其和是偶数还是奇数？

3. 99 个连续的偶数相加，其和是偶数还是奇数？

## Q56 口袋里的贝壳

小明在海滩上拾了两口袋美丽的贝壳。他数了一下，左边口袋里贝壳的数量是偶数，右边口袋里贝壳的数量是奇数。

回到家里，小明调皮地对哥哥说："你猜猜看，我这两个口袋里的贝壳数量，哪一个是偶数，哪一个是奇数？"

小明的哥哥说："你把左边口袋里的贝壳数量乘以 2，右边的乘以 3，再把这两个数加起来的和是偶数还是奇数告诉我，我就能猜到。"

小明算了一下，说："是奇数。"

哥哥笑笑说："你左边口袋里贝壳的数量是偶数，右边是奇数。"

小明愣住了，后来，他摸着脑袋仔细想了想，终于明白了原因。小明的哥哥是怎么猜到的呢？

## Q57 年龄的秘密

李大娘问三位青年人的年龄。

小张说："我 22 岁；比小吴小 2 岁；比小徐大 1 岁。"小吴说："我不是年龄最小的；小徐和我差 3 岁；小徐 25 岁。"小徐说："我比小张年龄小；小张 23 岁；小吴比小张大 3 岁。"

这三位青年人爱开玩笑，每人讲的三句话中，都有一句是错的。李大娘难辨真假，请你帮助李大娘弄清这三人的年龄。

## Q58 乒乓球比赛

A，B，C，D，E 五位选手进行乒乓球循环赛，每两人都只赛 1 局。规定胜者得 2 分，负者不得分。现在知道的比赛结果是：A 与 B 并列第 1 名（有两个并列第 1 名，就不再设第 2 名，下一个名次规定为第 3 名），D 比 C 的名次高，每个人都至少胜了 1 局。试求每人的得分。

## Q59 神奇的兔子

兔子在出生两个月以后就具有生殖后代的能力。

假设有一对兔子，每个月都生一对兔子；生出来的每一对兔子，在出生两个月以后，也每个月生一对兔子。那么，由一对兔子开始，满一年时可以繁殖成多少对兔子？

## Q60 魔术树上的金苹果

匈牙利近代著名作家卡尔曼·米克沙特所著的长篇小说《奇婚记》中

有一个很有趣的情节：

小说中的女主角比罗什卡的父亲米克罗什・霍尔瓦特是一个博览群书的人。他在一本书上看到，传说中的骑士向城堡主人的女儿求婚，必须用剑从魔术树上砍下三个金苹果，霍尔瓦特对这个故事大为欣赏。于是，当比罗什卡的大姐罗扎莉雅要出嫁时，霍尔瓦特公开宣布，他鄙视官衔、出身和财产一类的东西，要把女儿嫁给一个能回答他三个问题的聪明人。显然，这三个问题就是霍尔瓦特心目中的“魔术树”上的“三个金苹果”。

那么这三个问题究竟是什么？小说中只叙述了第一个问题，大意是这样的：

每天有 2 辆邮车一起从波若尼城出发驶往勃拉萧佛城；与此同时，也有 2 辆邮车一起从勃拉萧佛城沿同一条公路驶往波若尼城。假设两城间的行程需要 10 天，而且每辆邮车都以相同的速度行驶，那么坐在某一辆由波若尼城驶往勃拉萧佛城的邮车上的人，从出发时算起，到抵达勃拉萧佛城之前，会碰到多少辆从勃拉萧佛城开往波若尼城的邮车？

## Q61　谁是优胜者

精彩的乒乓球比赛就要进入四强赛了。三位观众热烈地争论着，预测这次比赛的结果。他们的议论如下：

甲：小王第一名，小张第三名。

乙：小李第一名，小赵第四名。

丙：小赵第二名，小王第三名。

比赛结束，这四位运动员分别获得第一名至第四名，而三位观众每个人都只说对了一半。

你能根据上述情况，说出比赛的结果吗？

## Q62　一道看起来“无法解”的题目

爱丽丝、穆萨和格尔斯举行了一次田径比赛。他们在赛前约定，每项比赛第一、二、三名的得分分别为 5、2、1 分，谁累计得分最多，谁就获胜。比赛一开始，穆萨获得了铅球第一名，但是其他人也不甘示弱。三个人你追我赶，100 米赛跑、跳高……比赛在热烈的气氛中一项接着一项进行下去。最后，格尔斯获得了冠军，累计得分 22 分，而爱丽丝和穆萨各得 9 分。

现在你能否计算出，谁获得了铅球第二名？谁获得了第三名？

看了这道题，你可能会说：这道题没头没脑的，就这么些条件，怎么能解呢？难道，这道题是“无法解”了吗？先别急着下结论。还是请大家认真思索一番吧！如果仔细分析题目，抓住关键，问题是不难解决的。

## 益智游戏总结

曾任哈佛大学校长的艾略特先生曾经说过：“人类的希望取决于那些先驱者的思维，他们所思考的事情可能领先一般人几年、几代，甚至几个世纪。”著名的科学家霍金也曾经说过：“有一个聪明的大脑，你就会比别人更接近成功。”从这些大师的名言警句中不难看出，益智思维对工作乃至人生的重要性。

观察周围的成功人士，我们会发现，他们大都颇具智慧，无论是在工作、生活还是在学习、管理等方面均高人一筹。由于这一特质，他们可以在处理各种事件时，能够明察秋毫、当机立断，做出明智而正确的抉择。

思维能力常常是对一个人智力水平的最佳阐释，我们可以在游戏中培养和锻炼思维能力——比如在解答本章的问题时，大家可能发现，会有许多“陷阱”。这时候就需要有“综观全局”的意识，在解答过程中，我们不仅要先了解出题的意图，明确每一步解题的结果，还要考虑到多种可能性，就像在棋盘上排兵布阵一样。这样，经过种种考验，能够提高我们动脑思维的能力，使我们在日常工作和生活中，可以轻松做到运筹帷幄、先发制人。

# 本章答案

## A1 坐车的选择答案

两种车车隔都是 10 分钟，但是电车到霍永明家车站后，只隔 1 分钟，汽车就进站了，而汽车走后，要间隔 9 分钟才能再来电车。这样霍永明在汽车过后的 9 分钟之内到车站都是坐电车，电车驶过 1 分钟到车站才坐汽车。因此他坐电车的机会比坐汽车多 8 倍。

## A2 厨师巧分生熟蛋答案

厨师将生、熟鸡蛋一块拿到桌上，用手一个个转起来，就分出了生蛋和熟蛋。因为鸡蛋煮熟后，蛋白和蛋黄都凝结在一起，成为一个整体，旋转时，鸡蛋很容易就会转动起来。相反，生鸡蛋里面的蛋白和蛋黄都是液体，当用手转动鸡蛋时，液体的蛋黄和蛋白不会跟着一起旋转，所以生鸡蛋要比熟鸡蛋转得慢。

## A3 有趣的拔河比赛答案

因为 $A+B=C+D$，$C+B<A+D$，$A<B$，$C<B$，那么 $A+B-C=D$，$D>B+C-A$，所以 $B+A-C>B+C-A$，$A>C$，$A+B-C=D$ 中，$A-C>0$，所以 $B<D$；因此，D 组的力气最大，B 组第二，A 组第三，C 组的力气最小。

## A4 不讲公德的读者答案

被撕去的几页中，84、85；159、160 两组页码数字是相连的，而且一个是偶数在前，一个是奇数在前，所以其中必有一对是一张纸的两面，因此读者共撕去 7 页，应该罚款 70 元。

## A5 “时钟老人”的双手答案

一般来说，每小时时针与分针重合一次。但是，如果把凌晨 0 点看作第一次重合，那么晚上 12 点整的重合，按照常识应该作为第二天凌晨 0 点。

同样，在中午12点整时，也有类似的情况。因此，一昼夜时针与分针共重合24−2=22（次）。

每小时时针与分针垂直2次，24小时内共垂直24×2=48（次）。但其中有4次重复计算：上午3点整、上午9点整、下午3点整和晚上9点整。因此，一昼夜时针与分针共垂直48−4=44（次）。

### A6　美味的华夫饼答案

煎3张饼至少需要3分钟。第一次煎2张饼，1分钟后2张饼都熟了1面。此时，将第1张取出，第2张翻个面，再放入第3张。又煎了1分钟，第2张煎好取出，第3张翻个面，再将第1张放入。再煎1分钟，全部煎熟。

煎n个饼，需要n分钟。因为，当n是偶数时，每煎2张需要2分钟；当n是奇数时，只要在煎最后3张饼时采用上述方法就可以了。

### A7　海盗辨真伪答案

先将10箱珠宝编上序号1—10，然后从第1箱取出1颗，第2箱取出2颗，第3箱取出3颗……第10箱取出10颗，一共55颗宝石。如果全是真宝石，那么总重量就是5500克。因此，如果称出的结果比5500克少10克，说明这55颗宝石中只有1颗是替代品，拿出1颗的第1箱就是假宝石；如果少20克，就有2颗替代品，那么第2箱就是假宝石……以此类推，最终可以检查出哪一箱是假宝石。

### A8　有趣的存钱数目答案

张存了18元，王存了24元，李存了7元，赵存了63元。

### A9　沙漠中的同伴答案

9个探险者见到第一批人时，已经喝完了1天的水，所剩下的水只够9个人喝4天。与第二批人合在一起后，水只够喝3天的，因此知道第二批人在3天中喝的水等于9个人1天喝的水，那么第二批肯定是3个人。

### A10　谁拿到最后一根火柴答案

在游戏快结束时，留给对方7根火柴的人就赢了。因为事实上对方不可能把7根火柴全部拿走，所以不管他在1到6的范围内拿几根，他总归不是最后一个从桌子上拿掉火柴的人。同时要留给对方7根火柴，就该在上次留给他14根火柴，再往上推，就该留21根、28根。

第一个人开始应该拿2根，之后按上述方法拿，就可以取胜了。

### A11　上上下下的学问答案

这只蜗牛每天可以爬上10厘米，第28天的早上（第27天结束后）正好爬到2.7米处。第28天再爬上30厘米，正好已经爬上井口，不会再滑下来。所以应该花上28天。

### A12　几筐宝石答案

驴车5筐，骡车7筐。

因为如果从骡车上搬给驴车1筐，则两辆车负重相等，那么可以看出来：骡车比驴车多驮了2筐宝石。在此前提下，如果从驴车上搬给骡车一筐，骡车便比驴车多驮了4筐，这样骡车的载重才能比驴车的载重多1倍。因此，驴车上原有5筐宝石，骡车上原有7筐宝石。

### A13　绳子测房屋高度答案

绳子折成4折后，上端超出1.5尺，房檐上方余下的绳子长度为：$4\times1.5=6$（尺）；绳子折成5折后，还差0.5尺，所差绳子长度为$5\times0.5=2.5$（尺）。余下的绳子长度和所差绳子长度之和就是房屋的高度，即$4\times1.5+5\times0.5=8.5$（尺）。

### A14　怎么分的钱答案

因为张华的女儿就是王刚的女佣，而且正是李勇的新娘子。因此，总共只有4个人搭伙。每个人交了2500元，一共是10000元的生活费，当月花掉9200元，那么还剩下800元，每个人得200元。

### A15　黑牌与红牌答案

洗牌8次，8次相等。即使洗1000次，也永远相等。因为52张牌中黑红各有26张，如果左手一叠中的红牌不够26张，必定用黑牌补足；而所缺的红牌必定在右手另一叠中，并与右手一叠中的黑牌组成26张。这样，左手一叠中的黑牌与右手一叠中的红牌张数永远相等。

### A16 测量梨的体积答案

用一个容器（如水桶），里面装半桶水，先测出桶里水的体积，再把梨放进水里，用水和梨的总体积减去水的体积，就是梨的体积了。

### A17 巧算书的页码答案

科学家的算法是，判断此书开始的9页每页用1个铅字，共计9个；此后的90页书每页用2个铅字，共计180个；再往后的900页每页用3个铅字，共计2700个。因此推断出：这本书若是999页，就要用铅字：9+180+2700=2889（个）。

但它只用了2775个字，因此书的页数在100到999之间。从第100页算起，共需要铅字2775−189=2586（个）；因为每页用3个字，所以：2586÷3=862（页），再加上未计算的前99页，这本书一共有961页。

### A18 太阳远近的争论答案

甲和乙说的都是太阳在不同时间由于物理原因产生的现象，不同时间太阳离我们是一样远的，因此他们两人说得都不对。早晨因为地面上有许多树木、房屋等参照物，而中午天空没有参照大小的东西，因此早上的太阳在视觉上大些；此外，太阳早上是斜射，照射的面积大，所以不觉得很热，中午太阳是直射，同样的光线因为照射面积小，会使人感到炎热。

### A19 巧用请柬斗顽敌答案

他们是这样做的：先安排甲、乙、丙三人持两张请柬进入指挥部：甲先拿一张请柬进指挥部，然后借口有事外出，领取一张“通行证”。接着乙再用甲拿出的“通行证”进入第一道岗，进入指挥部时用请柬的一张红票，然后也借口有事外出，领取一张“通行证”。这时乙的手中就有一张请柬的另一半红票和两张“通行证”。丙也用乙的方法获取了一张“通行证”。凭这三张“通行证”，游击队员每批有三人通过第一道岗，再出来一个人将通行证带出，最终将十几个人全部带过了第一道岗，埋伏起来。此时，甲、乙、丙三人手持“通行证”进入指挥部，将三张“通行证”交回，完成了里应外合的全部准备工作。

### A20　月亮上的时钟答案

摆锤时钟走得特别慢。

摆锤的周期受重力的影响非常大。在重力只有地球六分之一的月球上，摆锤大幅度地摆动。而其他钟表和重力无关，所以不受影响。

### A21　积蓄了多少零用钱答案

因为每次的钱数就是给钱的日期，所以第一次儿子得到 4 元钱的日期就是当月 4 日，星期六，因此可以得出当月另外四个星期天就是：5 日、12 日、19 日、26 日。每周写完文章的日期，应该等于该周星期日的日期加上给钱当天是星期几这个数。这样，儿子五次得到的钱应该为：4+（5+ 本周得钱是星期几）+（12+ 本周得钱是星期几）+（19+ 本周得钱是星期几）+（26+ 本周得钱是星期几）之和。那么就是（4+5+12+19+26）+（3+4+4+5）=82（元）。

因此，即使后四次得钱次序有所颠倒，只要知道四次是星期几，也能得出积蓄总和。

所以儿子这个月共积蓄了 82 元。

### A22　快艇的秘密答案

已知 34+23=48 中，每个数字被减去的数相同，推算出 25+14=39，减数、被减数、差数都减去 9。因此 51+55=97 这组算式，按照每个数字都被减去 9 推算，应该为：42+46=88。所以第二批有 88 艘快艇。

### A23　住户知多少答案

首先可以确定，沃顿夫妇住在顶层，其次，珀西住在吉姆的上一层，罗杰也住在吉姆楼上，因此可以得知罗杰在顶层，二层是珀西，一层是吉姆。既然沃顿夫妇住在顶层，而刘易斯夫人住在凯瑟琳楼上，那么凯瑟琳住在一层，刘易斯夫妇住在二层，住在一层的是莫顿夫妇。诺玛住在多丽丝楼上，而且已知住在一层的夫人是凯瑟琳，那么诺玛住在顶层，多丽丝住在二层。

所以最终三家房客的姓名和所住的楼层如下：

罗杰·沃顿和诺玛·沃顿夫妇住在顶层；

珀西·刘易斯和多丽丝·刘易斯夫妇住在二层；

吉姆·莫顿和凯瑟琳·莫顿夫妇住在一层。

### A24 神秘的走私品答案

其实那人推的自行车就是走私物品。

### A25 巧分黄瓜答案

小女孩说："不能把黄瓜切断，但可以竖剖。"她把每根黄瓜剖成 4 条，4 个人得到了相同的量。

### A26 迷阵中的男孩和女孩答案

设男孩有 X 个，女孩有 Y 个，因为每个人都看不见自己头上的帽子，那么可以得出方程：X-1=Y，X=2（Y-1）。

解这个方程组得：X=4，Y=3。

因此有 4 个男孩，3 个女孩。

### A27 怎样驶到加油站答案

先用铭铭的车牵引甜心的车，等铭铭的车汽油耗尽时，再用甜心的车牵引铭铭的车。这样，两车内的汽油相加使用，就可以到加油站加油了。

### A28 摔不碎的玻璃杯答案

山高 600 米，再加上人的高度，玻璃杯下落 600 米时还在空中，所以完好无损。

### A29 自行车的价值答案

这辆车值 3300 元。因为丽丽少干了 3 个星期，经理少给了她 2700 元，所以干 1 个星期应该得到 900 元。4 个星期就是 3600 元，车价即 3600-300=3300（元）。

### A30 聪明的恩彩答案

第一道题的谜底是"盐"。第二个问题，只要用热水冲石头、冰糖的粉末即可。冰糖可以溶于水，沉淀一会儿，将冰糖水倒入另一个杯中，就可以有干净的冰糖水了。

## A31 猫兔赛跑答案

小军的做法不对。这样猫和兔子依然不能同时到达终点线。因为猫和兔子跑的速度比是9比10，把兔子的起跑线后退1米，当猫、兔跑到9米处时，它们又并排在一条线上了。剩下的1米，兔子还是会领先猫0.1米跑完。

## A32 卖酒人遗产的分配答案

把4个半杯酒倒成满的2杯。这样，就有装满酒的酒杯9个、装了半杯酒的酒杯3个、空酒杯9个，3个儿子就可以均分这些酒杯了。

## A33 买几盒口香糖答案

5盒。

如果运气好，买2盒口香糖就可以得到同样颜色的卡片两张。如果运气不好，买4盒口香糖得到红、绿、黄、白颜色卡片各一张，第5盒口香糖中不管卡片是什么颜色，肯定会和前4盒中的一张卡片颜色相同。

## A34 笔记本的数量答案

思考问题的关键在于后来多出来的3位同学每人得到4本笔记本，3乘以4等于12；原先预定每位同学分得5本，结果只分得4本，即每个同学少分到1本，由此可知，原先共有12位同学。

原先有12位同学，后来又多出3位同学，共计15位。这15人每人分得4本，4乘以15等于60，也就是说李老师一共买了60本笔记本。

## A35 卡车过危桥答案

王师傅的想法是错误的。飞起来的鸽子当然不会对汽车直接产生压力。但是假若鸽子要在一米高的空中停留，就要有防止它们掉下来的支撑力。鸽子用翅膀拍打它下方的空气来获得这一支撑力，通过空气的传递，鸽子的重量仍然作用在车上。只有假设这样一种情况，即鸽子全部飞到箱子的最高处，卡车过桥时，鸽子同时从箱顶由上向下做自由落体运动，车上的负载才会减少。因为在自由落体运动中物体处于失重状态。但又怎么能期望鸽子能如此理想地做到这一点呢？

### A36 她的手表准吗答案

弟弟说得对，艾杜纱的表不准。因为当她用手表和闹钟对比时，每小时快的2分钟并不是标准时间的2分钟（因为闹钟走得不准），而当她用闹钟和电视台播出的时间对比时，每小时慢的2分钟却是标准的2分钟。所以前后虽然同样是2分钟，实际上还是有快慢的不同。

### A37 运猪过河答案

第一次运40只猪，到北岸后只让30只上岸，留10只载回南岸；又从南岸装30只猪，连同留下的10只载到北岸，再让30只上岸，留10只载回南岸；第三次把南岸最后的30只猪装上，一起运到北岸。

### A38 应付款之谜答案

设当时的时间整数部分为n点钟。那么n也正好是自午夜算起走过的整数小时数。于是，应付的款数可以用下面的公式表示：

［（2·n·1.5）/n+1.15］=4.15元

在计算过程中，n被约掉了，所以顾客所付的款数与时间实际上是无关的。王英的表虽然走快一小时，他却并没有因此多付钱。

### A39 搬家带来的烦恼答案

移动16次就可以对调位置。

1. 威士忌；2. 刷子；3. 电熨斗；4. 威士忌；5. 胡椒粉；6. 捕鼠器；7. 威士忌；8. 电熨斗；9. 刷子；10. 胡椒粉；11. 电熨斗；12. 威士忌；13. 捕鼠器；14. 电熨斗；15. 胡椒粉；16. 刷子。

### A40 死里逃生答案

法官的主意是自相矛盾的。

依照法官所规定的条件，如果犯人所选择的与法官要执行的一致就枪毙，如果不一致就用绞刑。犯人经过考虑知道不能选择枪毙，如果选择枪毙，则必死无疑，于是他说："我选择绞刑。"现在假如法官真的决定对他执行绞刑，那么就造成"犯人的选择与法官的执行一致"的情况，按照规定必须是枪毙，不能执行绞刑。但是假如法官要对他执行枪毙，又因为按照规定会出现"犯人的选择与法官执行不一致"的情况，那么只能执行绞刑。如此一来，法官就自相矛盾了。对犯人既无法枪毙，又无法绞刑，于是，犯人便利用法官逻辑上的错误死里逃生了。

### A41　猎人避火答案

猎人先将周围的草拔掉，然后迎着火烧来的方向又放了一把火。这样以火攻火，自己周围的空地越来越大，便能脱险了。

### A42　前因后果答案

双方应该这样考虑：

要取到最后一本，必须迫使对方取倒数第 6 本。而要迫使对方取倒数第 6 本，又要迫使对方取倒数第 12 本。这样，对方分别取第 1、2、3、4、5 本时，自己可以分别取第 5、4、3、2、1 本，结果对方必须取倒数第 6 本，自己就能取到最后一本。

由此倒推上去，可知要想取得胜利，必须让对方取倒数第 6、12、18、24、36、42、48、54 本，即顺数第 1、7、13、19、25、31、37、43、49 本。

由上述可知，这个游戏对于知道其中奥秘的人来说，后取者必胜。但如果不知道其中的窍门，任意乱取，那么胜负就不一定了。如果双方都知道这个窍门，都不肯先取，那么就要抽签决定谁先取。这样一来，实际上抽签时就已经决定了胜负。

### A43　译密码答案

We shall come at six.

我们将于六点钟来。

The train is leaving for Shanghai tomorrow.

这列火车明天将开往上海。

I wish I could take a trip to the moon.

我希望我能到月球旅行一次。

## A44 择优应聘答案

理查德选择的是B公司，因为在B公司工作得到的工资比在A公司高。

根据题意，第一年里，理查德若在A公司工作，会得到1000欧元；如果在B公司工作，会得到500+550=1050（欧元），比在A公司多得50欧元。

第二年里，理查德若在A公司工作，则得1200欧元；如果在B公司工作，会得600+650=1250（欧元），也比在A公司多得50欧元。类推下去，可以知道理查德在B公司工作每年要比在A公司多得50欧元。

## A45 三人分羊答案

那位少年想出的办法是：将自己的那只羊借给他们，凑成20只，再按照父亲的遗嘱分配，老大分得10只羊，老二分得5只羊，老三分得4只羊，余下的那只羊再由那位少年自己牵走。

## A46 财主的善意答案

财主共有两块钱，每个长工实际上一分钱也没得到。

财主将两块钱的一半即一块钱分给了第一个长工，又从这个长工手中要回一块钱的手续费。按这种方法，财主再与之后的十几名长工分钱，到最后，他所剩的两块钱中的一块是他与最后一名长工分钱剩下的，而另一块钱则是这个长工付给他的手续费。这样一来，财主没失去一分钱，而长工们也没得到一分钱。

## A47 酒精和水答案

甲杯中的水和乙杯中的酒精一样多。

设原甲、乙量杯中的酒精和水的体积为1，甲杯倒入乙杯的酒精体积为x，那么乙杯中酒精含量就是x/（1+x）

乙杯中水的含量为1/（1+x）

于是，甲杯中水的含量为1/（1+x）· x=x/（1+x）

乙杯中含酒精量为 $1 \cdot x/(1+x)=x/(1+x)$

所以甲杯中含水量和乙杯中含酒精量一样多。

另外，我们还可以这样分析：互倒后，两个量杯中液体的体积并没有变化，仍然是半杯和半杯。只不过甲杯中减少了一些酒精，补进了同体积的水；乙杯中减少了一些水，补进了同体积的酒精，减少和补进的酒精和水的体积相同，所以甲杯中的水和乙杯中的酒精一样多。

### A48　奔跑着的狗答案

这个问题看起来好像很复杂，其实却是出人意料地简单。因为狗从两巡逻队出发到会合，不停地以每小时 20 公里的速度来回奔跑着，所以狗奔跑的时间就是两队哨兵从出发到会合所花的时间。这段时间等于 $15 \div (5.5+4.5)$，即 1.5 小时，所以狗来回共奔跑了 $20 \times 1.5$ 公里，也就是 30 公里。

### A49　吝啬的科尔太太答案

科尔太太的体重为 135 磅，婴儿的体重为 25 磅，小狗的体重为 10 磅。

设婴儿的体重为 x，那么小狗的体重为 0.4x，科尔太太的体重为 $x+0.4x+100$。根据题意，有：$x+0.4x+100+x+0.4x=170$

解上列方程，$x=25$

所以婴儿的体重为 25 磅，小狗的体重为 $25 \times 0.4=10$（磅），科尔太太的体重为 $25+10+100=135$（磅）。

### A50　红铅笔与黑铅笔答案

可以从贴有“红、黑”纸片的铅笔盒里，任意摸出一支铅笔来看一下，再按照这个思路进行分析。

原来三个盒子里分别装有两支红，一红、一黑，两支黑共六支铅笔。将这六支铅笔（三红、三黑）分别装在三个盒子里，每个盒子装两支，那么，不论怎么装，只能要么每个盒子都是一红、一黑，要么就是三个盒子里铅笔颜色分别为两红，一红、一黑，两黑。既然魔法师调整以后每个盒子仍然是各装两支铅笔，而且没有一个实际装的铅笔是与纸片的说明相符合的，那么就排除了每个盒子里都是一红、一黑的可能性（因为原来有一个是一红、一黑的），只可能是三个盒子分别装有两红，一红、一黑，两黑这种情况。而且我们可以断定，标有“红、黑”的铅笔盒子里，要么装的都是红铅笔，要么都是黑铅笔。因此，如果从标有“红、黑”的盒子里拿出来的是一支红铅笔，我们马上就可以断定里面装的另一支也是红铅笔。这样，由于标有“黑、黑”的盒子里不可能装的是两支黑铅笔，根据刚才的分析，又知道不是两支红铅笔，那么装的必定是一支红铅笔和一支黑铅笔。最后剩下的标有“红、红”的盒子，装的当然是两支黑铅笔。

如果一开始从标有“红、黑”的铅笔盒子里拿出来的是一支黑铅笔，同样，根据上面的思考方法，也不难确定每个盒子里实际放的是哪两种铅笔。

### A51　智辨帽色答案

大儿子戴的是红帽。

小儿子前面三个哥哥所戴帽子的颜色有下列六种可能：

红红红　红红蓝　红红黄　红蓝蓝　红蓝黄　蓝蓝黄

小儿子回答说不知道，说明他前面的三顶帽子不可能是“蓝蓝黄”。不然的话，他应该立即判断出自己戴的帽子是红色的。

三儿子前面两个哥哥所戴的帽子的颜色有下列五种可能：

红红　红蓝　红黄　蓝蓝　蓝黄

三儿子听了弟弟的回答后，也说不知道，说明他前面两个哥哥所戴帽子不可能是蓝蓝与蓝黄。不然，他应该立即判断出自己戴的帽子是红色的。

二儿子前面的大哥哥所戴的帽子颜色有三种可能：

红　蓝　黄

二儿子听了两个弟弟的回答后，仍然说不知道，说明前面的大哥哥所戴的帽子不可能是蓝的或者黄的。不然，他应该立即判断出自己戴的帽子是红色的。

大儿子听了三个弟弟都说不知道，于是判断出自己戴的帽子不可能是蓝的或者黄的，只能是红色的。

### A52 粗心的钟表师傅答案

这只钟的毛病是将时针和分针装反了，时针装在分针轴上，而分针却装到时针轴上去了。那么，为什么钟表师傅几次来看时，钟表都是准的呢？

钟表师傅第一次将钟拨到下午6点整，两个指针重合。当他第二次来到老张家时，时间是晚上8点10分。这时时针已经走了2圈还多10分，所以到8点超过一些，而分针应从12点走到2点超过一些。所以钟上所指的时间是对的。

第二天早晨7点多时，时针已经走了13圈多一些，应该指到了7点，而分针从12点走了一圈以后，又走到1点。所以在这时,7点05分也是对的。

当然，这两个时刻都是巧合，只要过几分钟，这两根针装反了的毛病就很容易被发现了。

### A53 魔法师开会答案

四个班的班长分别是B和H，A和F，C和E，D和G。

提示：两人同班的必要条件是不能参加同一次会议，由于B三次会都参加了，而H没参加，所以B和H同班。

### A54 座位的难题答案

乙在3号，乙和丙不相邻，所以丙在1号；又因为甲不在乙、丙之间，所以丁在乙、丙之间，也就是说丁在2号。

### A55 奇数还是偶数答案

1. 如果99个连续的自然数中，最小的一个为奇数，则99个自然数中有50个奇数，49个偶数。而每两个奇数相加的和为偶数，偶数与偶数相加还是偶数，所以这时99个连续自然数相加的和为偶数。

如果99个连续的自然数中，最小的一个为偶数，则99个自然数中有50个偶数，49个奇数。奇数和偶数的和为奇数，所以这时99个连续自然数相加的和为奇数。

2. 99个连续的奇数相加，由于两个奇数相加是偶数，而偶数加奇数仍然是奇数，所以99个连续的奇数相加，其和仍然是奇数。

3. 偶数相加仍为偶数，所以99个连续的偶数相加，其和仍然是偶数。

### A56 口袋里的贝壳答案

两个整数相乘时，偶数乘偶数得偶数，偶数乘奇数也是偶数，只有奇数乘奇数才得奇数。相加时，偶数加偶数得偶数，奇数加奇数也得偶数，只有偶数加奇数才得奇数。

由于小明回答："是奇数"，因此一定是一个偶数和一个奇数相加。而左边口袋乘以2是偶数，这样，只有右边乘以3是奇数。这也就是说，右边的贝壳数只能是奇数，而左边的贝壳数一定是偶数。

如果小明回答："是偶数"，那么情况就与上面的相反，右边是偶数，左边是奇数。

### A57 年龄的秘密答案

小吴25岁，小张23岁，小徐22岁。

假设小张22岁是真的，那么小徐说"小张23岁"是假的，小徐说的其他两句话都是真的，所以小吴25岁，小徐小于22岁，由此推知小吴说的三句话中，"小徐和我差3岁"及"小徐25岁"这两句话都是假的，与每人有一句假话矛盾，所以小张不是22岁。

因为小张的"我22岁"是假的，其余两句话是真的，所以小吴比小徐大3岁，小张比小徐大1岁。如果小徐说的"小张23岁"是假的，那么"小吴比小张大3岁"是真的，推知小徐与小张同岁，则小徐所说"我比小张年岁小"是假的，小徐有两句话是假的，与题意不符，所以"小张23岁"是真的。由此推知，小吴25岁，小徐22岁。

### A58 乒乓球比赛答案

因为乒乓球比赛没有平局，所以胜的局数乘以2就是得分。5人进行循环赛，共需赛10局，总得分是$2\times10=20$（分）。因为每人都赛4局，所以第1名最多胜4局，但因为A，B并列第1名，A，B不可能都胜4局，所以A，B最多各胜3局。如果A，B没有各胜3局，而是各胜2局，那么剩下的$10-2\times2=6$（局）的胜利者只会是C，D，E。根据抽屉原理，C，D，E，3人中至少有1人胜了2局，与第1名胜2局矛盾。所以，A，B各胜3局，各得6分。还有4局，已知D比C名次高，每个人都至少胜1局，只能是D胜2局，得4分，C，E各胜1局，各得2分。

注意：题目中“每个人都至少胜1局”是制约结果的重要条件，如果没有这个条件，那么该题的结果就有两种可能：一是A，B各胜3局，各得6分，D胜2局，得4分，C，E各胜1局，各得2分；二是A，B各胜3局，各得6分，D，E各胜2局，各得4分，C胜0局，得0分。

### A59 神奇的兔子答案

在第一个月，这对兔子生了1对兔子，于是这个月共有2对兔子。

第二个月，第1对兔子又生了1对兔子，而在第一个月里出生的那对兔子还不能生小兔子，因此，在这个月里，兔子的总数是3对。

到第三个月，第一个月出生的兔子经过两个月后，已经能生小兔子了，因此，在这个月，有2对兔子各生了1对兔子，总共就有5对兔子。

到第四个月，第二个月出生的兔子也能生小兔子了，所以在这个月里，包括第1对兔子在内，有3对兔子各生了1对兔子，加上原先的5对兔子，总共有8对兔子。

……

不难看出，对于任何一个月来说，往前隔开一个月出生的所有的兔子在这个月都能生小兔子；又根据假设，每对兔子一个月总是生1对小兔子，因此这个月出生的兔子对数就等于往前隔开一个月所有的兔子对数。

于是：当月兔子的对数等于往前隔开一个月的兔子对数加上上个月的兔子对数。

如果用 F0 表示原来的兔子对数，F1 表示第一个月的兔子对数，F2 表示第二个月的兔子对数……Fn 表示第 n 个月的兔子对数……那么就会有：

Fn=Fn−1+Fn−2（n=2，3，4…）

根据这一个公式，有：

第五个月的兔子对数为 F5=F4+F3=8+5=13

第六个月的兔子对数为 F6=F5+F4=13+8=21

……

第十一个月的兔子对数为

F11=F10+F9=144+89=233

第十二个月的兔子对数为

F12=F11+F10=233+144=377

也就是满一年时，1 对兔子可以繁殖成 377 对。

## A60　魔术树上的金苹果答案

看了题目之后，有的读者可能会脱口而出："这还不简单？每天有 2 辆邮车一起从勃拉萧佛城开出，十天就是 20 辆。因此，从波若尼城出发，一路过来就会碰到 20 辆邮车。"如果这样想就错了，要知道，除了这一个十天（以所乘邮车出发那天作为第一天往后算的十天）出发的，还有在过去的十天里出发的。这样一来，从出发时算起，到抵达勃拉萧佛城之前，一路上共会碰到 40 辆邮车。

通过计算我们可以知道，由波若尼城出发的邮车在刚出发时正好遇到 2 辆十天前从勃拉萧佛城驶来的邮车，而经过十天在抵达勃拉萧佛城之前的路上又遇到 19 批计 38 辆邮车，因此从出发时算起，在抵达勃拉萧佛城之前十天里共会遇到 40 辆从勃拉萧佛城开往波若尼城的邮车。

最后需要指出的是，如果题目改为要计算从出发到抵达时为止所遇到邮车的数字，那么答案应该为 42 辆。这是因为在乘坐的邮车抵达勃拉萧佛城时，还会碰到 2 辆正好出发驶往波若尼城的邮车。

## A61 谁是优胜者答案

由于甲、乙、丙三位观众的预测都只说对了一半。我们不妨先假设甲关于小王第一名的预测是对的。这样由于没有两个人得同一个名次，因此乙关于小李第一名的预测就错了，而小赵得第四名是对的。由此再推下去，既然小赵是第四名，那么丙关于小赵是第二名的预测就是错的，推得小王得第三名。这就与我们一开始假设的小王得第一名发生了矛盾，说明甲关于小王得第一名的预测是错的。现在可以断定甲关于小张得第三名的预测是对的。这样丙关于小王得第三名的预测就错了，于是可知小赵得第二名。根据这一点，乙关于小赵第四名的预测也不对了，于是小李必然得第一名。

由此知道了小李、小赵、小张分别得第一、二、三名，剩下的小王就是第四名。

## A62 一道看起来“无法解”的题目答案

解这道题的关键是确定他们一共进行了几项比赛。由已知情况，三人累计得分分别为 22、9、9，这样三人得分合计共是 40 分。而由“规定”可知，每一项三人得分之和为 5+2+1=8（分）。于是可以知道他们一共进行了五个单项的比赛。

明确了这一点，问题就好办了。由于格尔斯五个项目的累计得分为 22 分，因此他必定有四个项目获得第一名（如果他获得第一名的项目不满四项，则累计得分不会超过 19 分），另一项目获得第二名。获得铅球第一名的是穆萨，因此可以肯定这个项目的第二名是格尔斯，那么第三名是爱丽丝。

顺便提一下，通过上面的分析，我们还可以知道穆萨在除铅球以外的其余四个项目的比赛中都只得了第三名，爱丽丝都得了第二名。

/ 第二章 /

# 神秘的数字与图形游戏

数字与图形游戏也是激发大脑潜能的两种方式，培养对数字与图形的敏感度非常重要。多玩数字与图形游戏，可以让思维快人一步。

## Q1　土著人的计数方法

在一个小岛上，居住着一群人。他们很少与外界交往，不接受外界的一切，长期保留着自身的生活习惯，甚至还保留着一种奇特的计数方法。他们将我们的 18 记成 33，将我们的 24 记成 44。

请问，一个今年 30 岁的人，若按照小岛上的计数方法，应该是多少岁？

## Q2　通往“宝藏之宫”中心的道路

一个“宝藏之宫”（如图所示）共有六道“墙”，每一道“墙”上有六扇“门”。请你找出通往“宝藏之宫”中心的道路，使得从外面一道“墙”的某一扇“门”起，经过六扇“门”到达“数字之宫”的中心，而这六扇“门”上的数之和恰好为 138，你能找到几条？

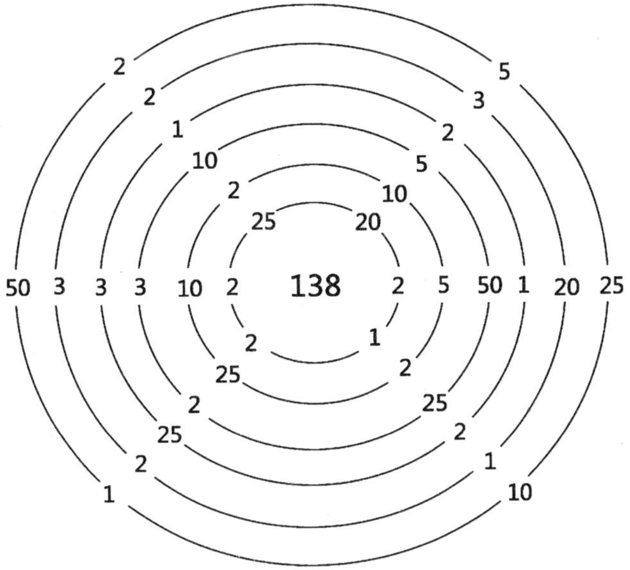


## Q3　妻子的错

在外地出差的丈夫给妻子打来长途电话，让她替自己买几件衬衣，并告诉妻子在他写字台的抽屉里有一个信封，里面装着钱。

妻子打开抽屉，拿起了那个装钱的信封。只见上面写着“98”，她以为丈夫在里面装了 98 元钱，于是将钱取了出来，没数就装进了自己的钱包，上街为丈夫买衬衣去了。

在商店里，妻子精心为丈夫选了四件衬衣，共 90 元。但是当付款的时候她发现，不但没能剩下 8 元钱，而且差 4 元钱。妻子只好请售货员放回一件衬衣。

丈夫回到家以后，妻子将买衬衣的事情告诉了丈夫，并责备丈夫粗心把钱点错了，使她在售货员面前难为情。

丈夫听后，笑着对妻子说，他根本没有点错钱，问题出在妻子身上，并指出了妻子的错误。请问妻子错在什么地方？

## Q4　哨兵骗国王

国王在他的正方形城堡的四面各派了 3 名哨兵，使这个城堡有 12 名哨兵守卫着。

一天，国王为了了解哨兵们是否忠于职守，就从城堡每面中间的窗口暗中观察，结果发现无论从哪面的窗口看去，都有 3 名哨兵在站岗。国王非常高兴，立即将站岗的哨兵召集起来，准备给予他们奖赏。可是站岗的哨兵被召集起来后，却没有 12 名，有几名哨兵早已偷懒逃岗了。这些哨兵是如何蒙骗国王的？

## Q5　探险家

A、B、C、D 四位探险家要进入一片荒无人烟的地区探险。出发前，他们每人都携带了 5 天的口粮，也就是说，他们所带的口粮只允许他们一起向前走 2 天半，而后返回。

四人经过商议，想出了一种新的方法：每走一天，就让一个人先返回出发地，剩下的口粮留给其他伙伴，这样就可以使他们中的一个人向前走得更远，而所有人又都能平安地返回出发地。

请你想一想，启用这种新方法后，走得最远的人能向前走几天？

## Q6　利兹放羊

利兹家养着一只小羊。这天，利兹要把小羊牵到一片草地上去放牧。临行前，妈妈告诉利兹，他要牵羊去的那片草地只有一个半圆形的区域内没长毒草，其余区域都长满了毒性很强的草。妈妈交给利兹三根木桩和两根长度等于没长毒草的半圆的直径的绳子，让他用这些东西将小羊限制在没长毒草的半圆形区域内。

利兹带着妈妈交给的物品，牵着小羊来到那片草地。该怎样用木桩和绳子使小羊被限制在没长毒草的半圆形区域内呢？利兹一时想不出来，急得在草地上团团转。你能否帮助利兹解决这一问题呢？

## Q7 停电以后

这天晚上突然停电了。妈妈拿出红、白两支同样长的蜡烛，点燃了放在桌上，为正在写作业的明明和正在看书的爸爸照明。

过了一段时间，来电了，妈妈吹灭了两支蜡烛。可是明明却惊奇地发现，两支蜡烛所剩的长度不一样，红蜡烛所剩下的长度是白蜡烛所剩下的长度的 4 倍。明明问爸爸这是怎么回事，爸爸告诉他，红、白两种蜡烛的质量不一样，一支红蜡烛能燃烧 5 个小时，而一支白蜡烛却只能燃烧 4 个小时，所以两支蜡烛所剩的长度就不同了。

明明听后，沉思了一会儿，说：“爸爸，我知道刚才停了多长时间电了！”你知道答案吗？

## Q8 三姐妹各几岁

妈妈下班后，将在路上买的 24 个橘子分给了姐妹三人。三人分得的橘子个数分别等于三人三年前的岁数。

爸爸下班后，建议姐妹三人调整一下橘子的分配方式。具体方法是：老三把所得橘子的一半平均分给老大和老二，然后老二把现有橘子的一半平均分给老大和老三，最后老大再把现有橘子的一半平均分给老二和老三。这样，姐妹三人所有的橘子数就相等了。

请问现在姐妹三人的年龄各是多少岁？

## Q9 逢四进一

通常我们用的数都是十进制，即逢十进一。它有十个数字，0、1、2……9。下面的算式不是用的十进制，而是四进制——逢四进一。它有四个数字：0、1、2、3。在这个算式中，字母 A、B、C、D 分别代表 0、1、2、3 中的某一个数字。请问 A、B、C、D 分别代表了什么数字呢？

$$\begin{array}{rccccc} & & A & B & C & D \\ +) & & C & B & A & B \\ \hline & B & B & C & B & B \end{array}$$

## Q10 猜数游戏

在一个遥远的国家，国王非常喜欢有智慧的女婿，于是他要求全国的男子前来出题目，能难住自己的人，就可以娶自己美丽的女儿。

这天来了一个叫萨斯的男子，他请国王在心中想一个数，默默地记住这个数，不要说出来。随后他又请国王做一些运算——先把所想的这个数加上 70，减去 32，再减去所想的那个数，最后乘以 5，除以 2。当国王做完这些运算时，萨斯也说出了经过这些运算后所得的结果。

皇宫上下都对此感到很奇怪，他为什么能说出这个数经过一系列运算后所得的结果呢？

你能找出萨斯的秘诀吗？

## Q11 涂色游戏

用红、黄、蓝三种颜色为下图中标着数字的 9 个小正方形涂色（如图所示），使得任意相邻（有共同边）的小正方形所涂颜色都不相同，且标号为 1、5、9 的小正方形涂相同的颜色，符合条件的涂法共有几种？

| | | |
|---|---|---|
| 1 | 2 | 3 |
| 4 | 5 | 6 |
| 7 | 8 | 9 |

## Q12 握手致贺

随着一首庄严的婚礼进行曲，某单位为 5 对青年举行的集体婚礼开始了。当5对新人全都步入大厅后，相互认识的新人们便互相握手致贺。当然，没有一个人和自己的爱人握手，也没有一个人和同一个人握手两次。

婚礼结束时，新人中的小张分别问其他 9 位（包括他的爱人）：“你今天与其他新人握了几次手？”使小张惊奇的是，9 个新人所回答的握手次数都不相同。

请问，小张和其他新人一共握了几次手，他爱人和其他新人握了几次手？

## Q13　巧移棋子

琪琪和莉莉都是围棋迷，两人只要一有时间便会下一盘围棋。

这一天，两人下完一盘围棋后，莉莉拣出 24 枚棋子，摆成了如图所示的三行（第一行有 11 枚棋子，第二行有 7 枚棋子，第三行有 6 枚棋子），然后对琪琪说："我把 24 枚棋子摆成了这样的三行，现在请你来移三次，移成每行 8 枚棋子。移棋子时有一个规定，就是移入某一行的棋子数必须和这行原有的棋子数相同。你知道怎样移吗？"

琪琪仔细地考虑了一会，便按照规定移好了棋子。你能说出琪琪是如何移的吗？

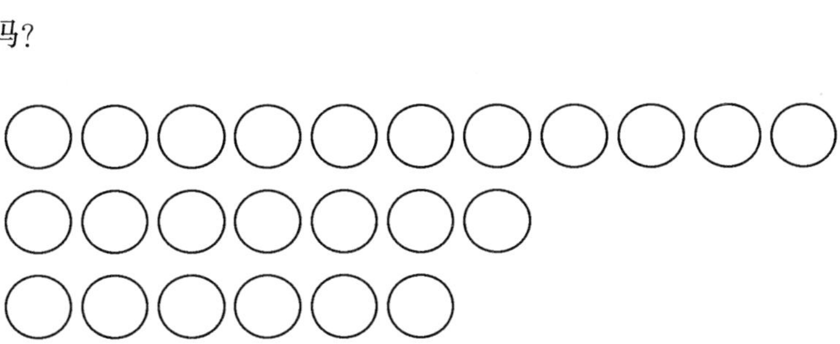

## Q14　三只钟

彤彤家有三只钟，一只放在客厅，一只放在爸爸妈妈的卧室，一只放在彤彤的卧室。昨天中午，爸爸根据电视台的报时，把三只钟都调到了12点整。今天中午电视台报时时，彤彤一看，客厅内的钟正好是12点，爸爸妈妈卧室内的钟是11点59分，自己卧室内的钟是12点1分。

如果这三只钟一直走下去，需要经过多长时间，它们又同时指在12点整？

## Q15　扩大招生

某中学只设立了高中部，共有学生900名，一、二、三年级各300名。

近来学校的规模正在逐步扩大，计划扩大招生，使若干年后在校学生人数达到1800名。校方经过周密考虑后，决定从明年起实施扩大招生的计划，每年比前一年多招收100名新生。由于这所学校的教学质量非常高，所以每年都没有不能毕业的学生。

如果学校要达到在校学生为1800名的目标，共需要几年的时间？

## Q16 扩建养鱼池

几年前，方木赶上了好政策，在国家的帮助下承包了一个正方形的养鱼池。当时为了更好地进行养殖，方木在养鱼池四个角落处各盖了一间小房子（如下图所示）。

由于几年的精心管理，方木已经从中得到了很大的收益，所以决定将现有的养鱼池扩大 1 倍，并仍然保持为正方形。

决定是做了，可是该怎么扩建呢？养鱼池四角的房子是不能拆的，方木为此想了很长时间。你能帮帮他吗？

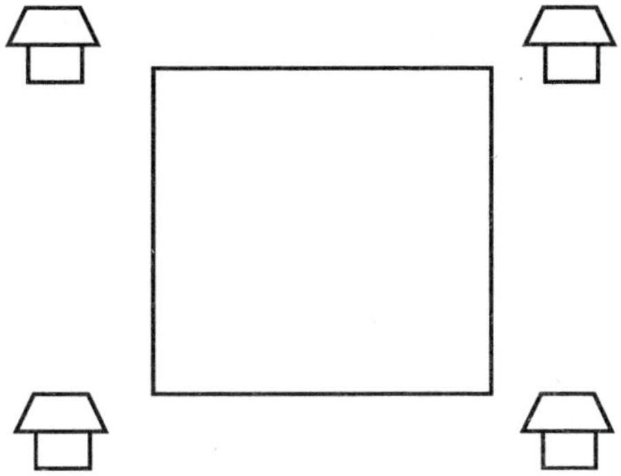

## Q17 勤懒之别

很早以前，一位富商为他的两个儿子请了一位教书先生，使兄弟二人在同样的条件下学习知识。

哥哥勤奋好学，举一反三，即先生教一点知识后他能学得三点知识，可是弟弟却懒惰厌学，学三忘二，即先生教三点知识后他会忘记二点，只能学得一点。

6 年过后，哥哥已经是满腹经纶，可是弟弟却知识匮乏。

请你想一想哥哥在6年间所学得的知识，弟弟需要多少年才能学得呢？

## Q18　成对移子

这天晚上，爸爸叫来沐沐，说要一起做个游戏。

爸爸拿出三个白棋子和三个黑棋子，摆成如图所示的一行，对沐沐说：“现在要你移动棋子三次，使这行棋子成为黑白相间的一行，并且任何相邻的两棋子间的间隔与原来相等。但移动棋子时必须把相邻的棋子成对地移动，而且所移动的两个相邻棋子的前后次序不可改变。”

听了爸爸的话，沐沐仔细地想了一下，便将棋子移成了黑白相间的一行。你能说出沐沐是如何移动的吗？

## Q19　提前放学

莉莉家住在郊区，她每天都要乘地铁到城里的学校去上学。可是，莉莉家离地铁车站还有一段距离，她不得不让哥哥用摩托车每天接送她各一次。

由于莉莉每天都是下午4点30分放学，从学校走出来再加上乘坐地铁要用去1个小时，所以哥哥每天都是下午5点30分来接莉莉。

这一天，莉莉提前1个小时放学了。走出地铁站，莉莉一看表，刚好是4点30分。为了不耽误时间，莉莉开始步行回家。半路上，莉莉遇到了来接她的哥哥，于是坐上摩托车与哥哥一起回家。结果他们比平时早20分钟到家。请问莉莉步行用了多长时间？

## Q20 锯铁条

有个王国要重新建设，士兵 A 和 B 分别接受一项锯铁条的任务。A 的任务是：从一个周长为 2 米的铁环上锯下 9 段铁条，每段铁条的长度都为 15 厘米。B 的任务是：从一根粗细与 A 的那个铁环相同，长度也与 A 的那个铁环的周长相同的铁棍上锯下 10 段铁条，每段铁条的长度也都是 15 厘米。

接受任务后，B 有些不高兴，他认为自己要比 A 多锯一段，也就要比 A 花费更多的时间。

请你想一想士兵 B 是要比 A 花费更多的时间吗？

## Q21 计时换岗

在金库门口有 12 名保卫人员站岗，他们共站岗 12 小时，正好每人站岗 1 小时。今天站岗前，一名保卫人员突然生病住进了医院，站岗 12 小时的任务就只好由剩下的 11 名保卫人员来完成了。

最初，11 名保卫人员打算每人轮流站岗 2 小时，可这样就给换岗人带来了困难。最后，一名聪明的保卫人员想出了一个简单易行的换岗办法。

你知道这位聪明的保卫人员想的是什么办法吗？

## Q22 摆石子

晚饭后，孩子们来到屋外乘凉。隔壁的穆勒太太正一个人坐在那儿，孩子们便围了上去，要求穆勒太太讲一个故事给他们听。

穆勒太太说，想要听故事必须先回答出一个问题。说完，她在地上画了一个正方形，又将这个正方形等分成九个小正方格，然后找来 36 颗石子，分别放在大正方形四周的小正方形内，使正方形每边三个小正方形内的石子总数都是 15 颗。接着穆勒太太又找来 4 颗石子，对孩子们说："现在的 4 颗石子，连同原先的 36 颗石子，一共有 40 颗石子。请你们想想，怎样将这 40 颗石子重新分配放置在正方形四周的小正方形内，才能使正方形每边上的三个小正方形内的石子总数仍然是 15 颗？"

孩子们想了一下，很快就将石子摆好了。你能说出孩子们是怎么摆的吗？

| | | |
|---|---|---|
| 6 | 3 | 6 |
| 3 | | 3 |
| 6 | 3 | 6 |

## Q23　乌龟与兔子

小白兔一直是小型动物中的长跑冠军，这次，它想要挑战一下慢吞吞的乌龟，于是，它和乌龟相约要赛一次跑，全程 15000 米。比赛开始后，小白兔以 150 米 / 分钟的速度向前跑，乌龟则以 15 米 / 分钟的速度向前爬。跑了 7500 米时，小白兔回头看见乌龟被远远地甩在了后面，便停下来躺在路边睡觉了。一觉醒来，发现乌龟早已经超过了自己，距离终点只有 600 米了。小白兔这下可急了，忙起身拼命地往前追。可是已经来不及了，乌龟最终比小白兔先到达了终点。

请问，当乌龟到达终点时，小白兔距离终点还有多远?

## Q24　河宽多少

A、B 两市由一河相隔，每个城市都有轮渡在两个城市之间接送旅客。

早上，A 市的轮渡从 A 市开出驶向对岸。与此同时，B 市的轮渡也从 B 市开出驶向对岸。这两艘轮渡的航速不一样，因此它们在距最近的岸边

720 米处相遇。相遇后，分别继续沿原方向驶向对岸。

抵达对岸后，每艘轮渡停留 10 分钟，让旅客上下船。然后两船又原路返回，在距另一岸 400 米处两船再次相遇。请你想一想，这条河究竟有多宽呢？

## Q25 赔本的卖葱人

集市上，一个农民正在卖葱。一个人要买葱，上前问道："你的葱多少钱一斤？"农民答道："1 元钱一斤。"来人又说："好吧，我把你的葱全部买下，不过得将葱叶和葱白分开来称，也就是说用刀将葱叶和葱白分割开，葱白每斤给你 8 角钱，葱叶每斤给你 2 角钱，这样的价钱你卖不卖？"

农民听后，认为这和自己所要的价没什么区别，便将所有的葱用刀分开后称重卖给来人了。

回到家中，农民将卖葱的钱交给妻子，妻子说钱少了一半，了解了农民卖葱的经过，妻子明白了钱为何少了。

你知道这是怎么回事吗？

## Q26 贪婪的商人

很早以前，有一个俄国商人来到草原上购买土地。卖地人提出的价格是：每天 100 卢布，即谁出 100 卢布，那么这个人从日出到日落走过的路所围成的土地就归他。但是如果在日落之前，买地人回不到出发点，那么他就只好白交 100 卢布了，一点土地也得不到。

商人觉得这个条件对自己有利，便付了 100 卢布。第二天天刚亮，他就连忙在草原上大步向前走去，走了足足有 10 公里，这才朝左拐弯；接着又走了许久，才再向左拐弯；这样又走了 2 公里，这时他发现天色不早，而自己离出发点还足有 15 公里的路程，于是只得改变方向，径直朝出发点拼命地跑。最后，商人总算在日落之前赶到了出发点，但是他却因过度劳累，住进了医院。

请你算一算，商人这一天走了多少公里的路？他走过的路线围成的土地面积有多大？

## Q27 小狗走的路

王明和张强分别从 A、B 两地同时出发，相对而行。A、B 两地的距离是 100 里。王明每小时走 6 里路，张强每小时走 4 里路。一只狗与王明一起从 A 地出发，沿王明行走的方向走，狗每小时走 10 里路。

这只狗碰到张强时，便掉过头来向王明这边走，在碰到王明时，就又掉过头来向张强那边走，直至王明和张强两人碰面。你知道当两个人碰面时，狗一共走了多少里路吗？

## Q28 巧过关卡

很久以前，有一个恶霸在进城的交通要道上设立了五道关卡，并巧立名目对过往行人进行敲诈勒索。恶霸规定，凡带家畜者，每道关卡都要扣下所带家畜数的一半，然后他再退还 1 只家畜给带家畜的人。如果所带的家畜是单数，则每道关卡要多扣下半只后，再退还 1 只。

这一天，有兄弟三人赶着 5 只羊要到城里去卖。当他们从来往的行人那里得知恶霸所设的规定后，都非常生气。最后，聪明的三弟想出一个办法，便向两位哥哥交代了几句。结果兄弟三人按照三弟的办法赶羊通过了

5 道关卡，而没有 1 只羊被扣下。

你能说出兄弟三人是如何赶羊通过五道关卡的吗？

## Q29 羽毛球大赛

四年一度的羽毛球大赛即将开始，共有 1845 人报名参加。按照羽毛球协会的规定，此次大赛采取淘汰制。首先用抽签的方法抽出 922 对选手进行 922 场比赛，在比赛中获胜的 922 人，连同轮空的那个人，可以进入第二轮比赛。第二轮比赛同样用抽签的方法决定谁与谁比赛，在这一轮比赛中获胜的人，连同轮空的那个人，就进入第三轮的比赛。按照这种方法，一直比赛下去，直至比出冠军为止。

请问，这次比赛要比出冠军，最少要进行多少场？

## Q30 路标

暑假到了，爸爸带小莉去一处旅游胜地旅游。

这一天，小莉和爸爸所坐的汽车经过某一地方。小莉看到路标上的公里数是 15951，觉得这个数字很有意思，因为这个数字的第一个数与第五个数相同，第二个数又与第四个数相同。

汽车行驶了两个小时，小莉发现路标上的公里数仍然是第一个数与第五个数相同，第二个数与第四个数相同。

请想一想，汽车在这两个小时内行驶了多少公里，小莉第二次所见到的路标上的公里数又是多少？

## Q31　巧设电梯

在某公司的一幢八层办公楼里，装有多部电梯。可是，由于人员上下频繁，经常出现电梯周转不过来的情况。

为了加快电梯的周转，公司决定每部电梯除了停底层和顶层外，中间只停某三层（向上和向下都停）。

可是，这种办法仅试行了一天，公司人员就提出了意见，他们说从某一层到另一层找不到可以直达的电梯，这样既不方便，又影响了工作。公司没办法，只好动员全体人员积极开动脑筋，设计出一种使任一层的人不论向下或向上到任一层去都可以找到直达的电梯的方案。

没过多久，有人真的把这种方案设计出来了。

请你说出至少要有几部停法不同的电梯才能符合上述要求？

## Q32　各有多少钱

卢卡斯和姐姐莫莉一起进城买花材。路上，有人问莫莉："你有多少钱？"莫莉说："我和卢卡斯的钱放在一起是 210 元，如果卢卡斯给我 15 元，我的钱数将是卢卡斯钱数的 2 倍。”那人又问卢卡斯有多少钱，卢卡斯说：“如果姐姐给我 20 元钱，我的钱数就和姐姐的钱数一样多。”

那人越听越糊涂，怎么也弄不清卢卡斯和姐姐莫莉各有多少钱，你能分清楚吗？

## Q33 无秤也能卖油

某油店里卖的油都是 10 斤一瓶的。

这一天，一个人来买油。可不巧，油店的秤都被拿到计量局校正去了，只有一个容积为 3 斤的空油瓶、一个容积为 7 斤的空油瓶和一个容积为 10 斤的空油瓶。而来人又要买 5 斤油，这可怎么办？

聪明的售货员想了一下，很快地就从 10 斤一瓶的油中给那位顾客分出了 5 斤油。你能说出售货员是怎样分的吗？

## Q34 爱丽丝的积木

爱丽丝自己动手做了三块积木。这三块积木做得非常好，每一面都涂上了不同的颜色，且做得一模一样。现在，她把这三块积木旋转到不同的位置，你能否根据图示，迅速地说出小积木涂成黄色一面的背面是什么颜色？涂成白色一面的背面是什么颜色？涂成红色一面的背面又是什么颜色？

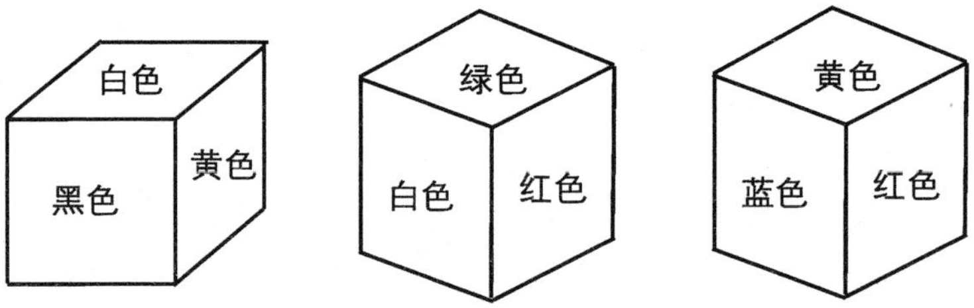

## Q35　鸡生蛋

老王和妻子住在郊区。每天老王进城上班，妻子则在家料理家务和饲养若干只鸡。老王对家中的食物从不过问，任凭妻子一人处理。

这天晚饭后，妻子对老王说：“今天鸡生的蛋比昨天多。这两天鸡所生蛋的总和，再加上这两天鸡所生蛋数的积，得数为 34。”

说来也怪，一向不关心家务的老王，听妻子这么说后，改变了以往的态度，竟认真地思考了起来，没多久就说出了今天鸡所生蛋的个数。

你能说出今天鸡生了多少蛋吗？

## Q36　猛虎与小狗

饥饿的猛虎紧紧地追赶着一只小狗。就在猛虎将要抓住小狗的时候，小狗逃到了一个圆形的池塘旁边，纵身往水里一跳，猛虎抓了一个空。猛虎舍不得这顿即将到口的美餐，于是盯住小狗，在池塘边跟着小狗跑动，打算在小狗爬上岸来时抓住它。

现在知道猛虎奔跑的速度是小狗游泳速度的 2.5 倍，请问小狗怎么逃才能逃出虎口呢？

## Q37　不知去向的 2 元钱

有三个人一起来到食品店，为明天的野餐采购食品。他们买完东西后，发现一共花了 60 元，于是每人拿出 20 元付款，便提着所买的东西走了。

三人走后，食品店经理发现三人所买的东西应该收 50 元，而不是 60 元。于是，经理叫来一名店员，让他赶快去追刚才买东西的那三个人，把多收的 10 元钱还给他们。

店员出了店门后，认为买东西的三个人不知道自己被多收了多少钱，况且 10 元钱他们三个人又无法均分，因此便扣下了 4 元，还给他们三个人 6 元，这三个人每人分得 2 元。

现在，来买东西的三个人每人实际花了 18 元钱，三个人总共花了 54 元，再加上店员扣下的 4 元，一共是 58 元。而最初三人共拿出了 60 元钱，怎么会有 2 元钱不知去向了呢？

你能回答这个问题吗？

## 神秘的数字与图形游戏总结

提起数字与图形相关的题目，大家首先想到的可能是数学课上学过的几何知识：几幅图形通过不同的线条组合，就可以得出完全不同的结论，可谓是变幻莫测。图形是一种直观的视觉展现形式，通过特定方法的图形认知训练，可以全面提升读者的观察力、分析能力及创造力。

数字与图形相关类型的题目往往不依赖于具体的事物，更多考察的是读者的抽象思维能力，不需要引入外部信息流，仅依据题中的已知条件，运用数学、想象及逻辑思维方法就可以得出结论。

做数字与图形题目，首先要学会观察所给数字及图形内容，找到题目中所给条件的规律。掌握的规律越多，越能促进我们观察和判断力的发展。如果勤学多练，就能很好地激发大脑潜能，有效扩展逻辑思维的宽度和广度，在日常工作、生活中对人有较大助益。

# 本章答案

## A1　土著人的计数方法答案

若按照小岛上的计数方法，那个人应该是 110 岁。

设小岛上采用的是 n 进位制，根据题意，则有：3n+3=18，得 n=5，4n+4=24，得 n=5。于是可以知道小岛上采用的是 5 进位制。按照这种进位制，逢 5 进 1，如 1、2、3、4、10，11、12、13、14、20，21、22……41、42、43、44、100，到 44 时，又进一位，升为 100。所以 30 应该记为 110，那个人应该是 110 岁。

## A2　通往"宝藏之宫"中心的道路答案

36 扇门上的数字共有 1、2、3、5、10、20、25 和 50 八种，如果从八种数中选取六个，使它们的和恰好是 138 的话，那么"50"必定至少选取一个，最多选取两个。从图中可以看出，因为只有两个位于不同墙上的 50，所以还能看出来这两种选取都是可能的。

| | | | | | |
|---|---|---|---|---|---|
| 1 | 50 | 2 | 5 | 25 | 10 |
| 2 | 3 | 2 | 3 | 20 | 1 |
| 25 | 3 | 1 | 2 | 1 | 2 |
| 2 | 3 | 10 | 5 | 50 | 25 |
| 25 | 10 | 2 | 10 | 5 | 2 |
| 2 | 2 | 25 | 20 | 2 | 1 |

如果选取两个 50，那么根据要求，另外四个数中就只能有一个 20 或者 25，这样的话可以把可能性都写出来：

① 50+50+25+10+2+1=138

② 50+50+25+5+5+3=138

③ 50+50+20+10+5+3=138

如果选取一个 50，同样也可以列出下列算式：

④ 50+25+25+25+10+3=138

⑤ 50+25+20+20+20+3=138

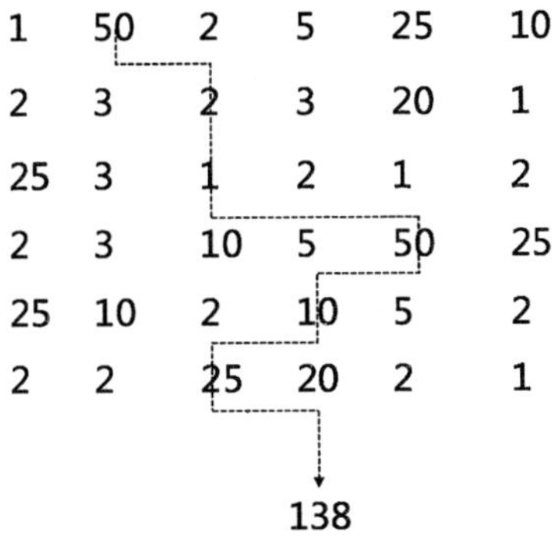


由算式不难看出，符合要求的只有两个，就是①号和④号。最终能通过数字之宫的道路就是：50 → 2 → 1 → 50 → 10 → 25（如图所示），或 50 → 1 → 2 → 50 → 10 → 25，或 25 → 3 → 25 → 50 → 10 → 25，或 50 → 3 → 25 → 10 → 25 → 25。

## A3　妻子的错答案

妻子将信封上的钱数看倒了。信封上的钱数本来是“86”，妻子拿反了信封，把数字看成“98”了。

## A4　哨兵骗国王答案

国王最初是按照图 1 所示设的岗。后来有几个哨兵逃岗，他们就按照图 2 或者图 3 所示的方式站岗。国王查看时，是从城堡里通过每面中间的窗口向外看的，因此国王看到的每面仍有 3 名哨兵站岗。此时，站在城堡四角处的哨兵是相邻的两面共有的，站岗哨兵的人数当然就少了。哨兵按照图 2 的方式站岗时，有 4 个人逃岗了；按照图 3 的方式站岗时，有 6 个人逃岗了。

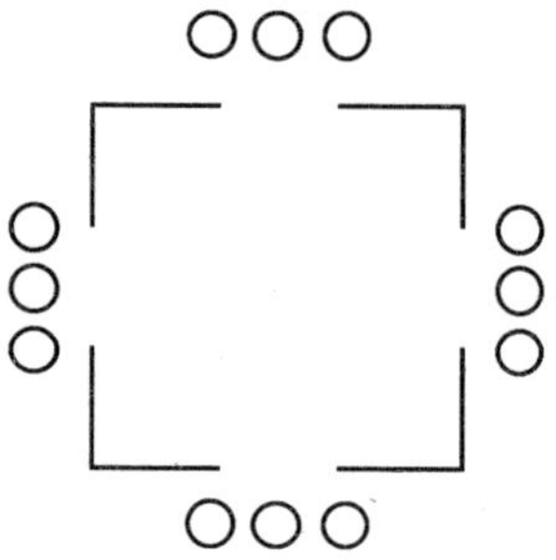

图1

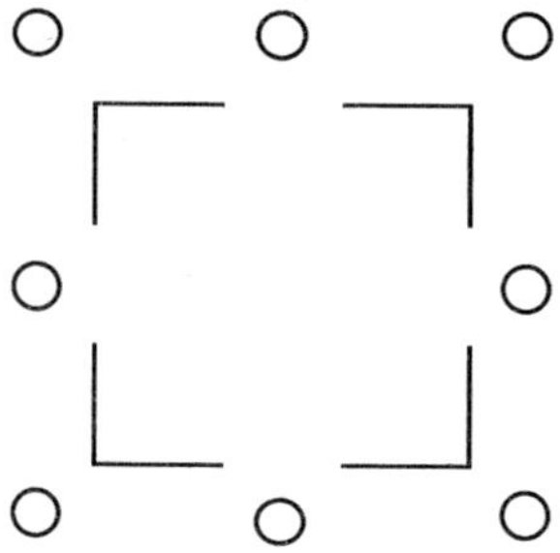

图2

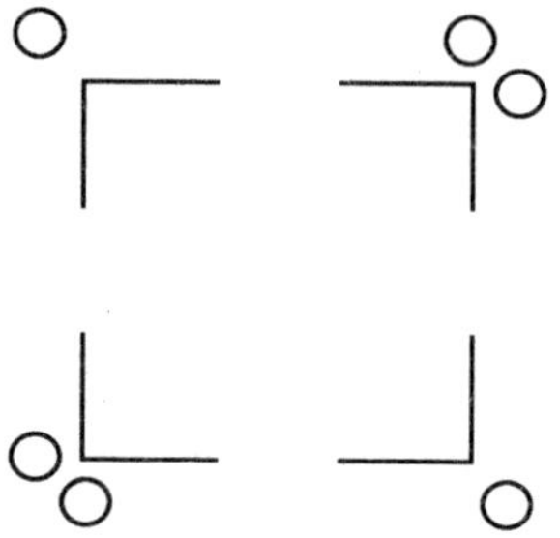

图3

## A5　探险家答案

启用这种新方法后，走得最远的人能向前走到第 4 天晚上。

第一个人第 1 天即返回，他留下了 3 天的口粮；第二个人第 2 天返回，他留下了 1 天的口粮；第三个人第 3 天返回，他多用了 1 天的口粮；第四个人比原先多得了 3 天的口粮，他可以向前走到第 4 天晚上再返回。

## A6　利兹放羊答案

将一根木桩插在半圆的圆心 O 处，另外两根木桩插在如图所示的 A、B 两点处。将一根绳子的两端分别系在 A、B 处的木桩上，将绳子拉紧，使其中央点与半圆相切。再将另一根绳子中央打个结，套在羊脖子上，并将其一端系与圆心 O 处，另一端系在 AB 绳的中点上，如图。这样就可以将小羊限制在没长毒草的半圆形区域内了。

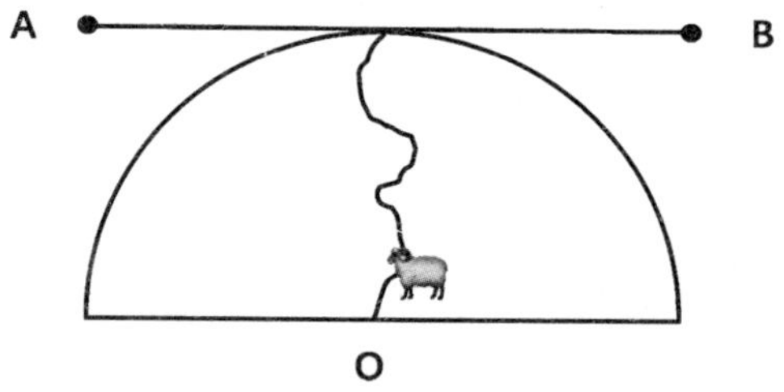


## A7　停电以后答案

停了 3 小时 45 分钟的电。

设停电 x 小时，那么在停电过程中红蜡烛燃去了 x/5，白蜡烛燃去了

x/4。根据题意就有：

（1−x/4）×4=1−x/5

解上列方程，得 x=3.75

即停了 3 小时 45 分钟的电。

## A8　三姐妹各几岁答案

大姐 16 岁，二姐 10 岁，三妹 7 岁。

第三次交换后，姐妹三人各有橘子 8 个，那么在大姐把橘子分给二姐和三妹以前，大姐应该有 16 个橘子，二姐有 4 个橘子，三妹也有 4 个橘子。由此可知，二姐在分出自己的橘子之前就有 8 个橘子，此时大姐有 14 个橘子，三妹有 2 个橘子。于是进一步可知，三妹在分出自己的橘子之前有 4 个橘子，此时二姐有 7 个橘子，大姐有 13 个橘子。因为最初姐妹三人所分得的橘子数分别等于三人三年前的岁数，于是可以知道现年大姐 16 岁，二姐 10 岁，三妹 7 岁。

如下表：

| | 大姐的橘子个数 | 二姐的橘子个数 | 三妹的橘子个数 |
|---|---|---|---|
| 最后 | 8 | 8 | 8 |
| 大姐分之前 | 16 | 4 | 4 |
| 二姐分之前 | 14 | 8 | 2 |
| 三妹分之前 | 13 | 7 | 4 |
| 年龄数 | 16 | 10 | 7 |

## A9　逢四进一答案

在四进制中，加法运算是这样进行的：

0+0=0　0+1=1　0+2=2　0+3=3

1+1=2　1+2=3　1+3=10

2+2=10　2+3=11

3+3=12

如果列成运算法表，则是：

| + | 0 | 1 | 2 | 3 |
|---|---|---|---|---|
| 0 | 0 | 1 | 2 | 3 |
| 1 | 1 | 2 | 3 | 10 |
| 2 | 2 | 3 | 10 | 11 |
| 3 | 3 | 10 | 11 | 12 |

现在我们就可以根据这些运算的结果来确定算式中的数字了。

由于首位B是由进位而得的，而A+C最大只能是11，因此不管下一位的B+B是否进位，A+C都只可能进位1，从而得B=1。那么我们将B填入后，立即可得D是0。现在A和C只能在2和3中取。但不论是2+3还是3+2都会进位1，所以C=B+B+1=1+1+1=3。于是A就等于2了。

$$\begin{array}{r} 2\ 1\ 3\ 0 \\ +)\ 3\ 1\ 2\ 1 \\ \hline 1\ 1\ 3\ 1\ 1 \end{array}$$

## A10 猜数游戏答案

在玩这个游戏时，不论参与的人想的是什么数，经过那些运算后的结果都是相同的，而这个结果萨斯早就知道。

设国王心中所想的数为x，按照萨斯所说的进行运算，有（x+70−32−x）×5÷2=95。这个结果与x无关。也就是说，萨斯让国王心中想一个数只是个幌子，其实无论国王想什么数，结果都是95。

## A11 涂色游戏答案

这里用到的就是分类加法计数原理了。我们看图可以知道，区域共分为三部分，第一部分1、5、9，有3种涂法。第二部分4、7、8，当5、7同色时，4、8各有2种涂法，共4种涂法；当5、7异色时，7有2种涂法，4、8均只有1种涂法，故第二部分共4+2=6种涂法。第三部分与第二部分一样，共6种涂法。由分步计数原理，共有3×6×6=108（种）涂法。

## A12　握手致贺答案

小张与其他新人握手 4 次，他爱人也与其他新人握手 4 次。

由于每个新人不能同自己的爱人握手，也不能和同一个人握手 2 次，所以新人中握手次数最多的人握了 8 次手。而除小张以外，其他 9 位新人握手的次数又各不相同，可见，这 9 位新人握手的次数分别为 0、1、2、3、4、5、6、7、8。握 8 次手的那人必定与握 0 次手的人是一对，否则不符合题中要求。又因为握 1 次手的人必与握 8 次手的人握过手，因此可以推知握 1 次手的人与握 7 次手的人是一对。类似的方法可以推出握 6 次手的人与握 2 次手的人是一对，握 5 次手的人与握 3 次手的人是一对。考虑所有的握手情况可知，必定有两人握手的次数是一样的，而这两人只有小张夫妻才合乎要求，所以小张和爱人都与其他新人握手 4 次。

## A13　巧移棋子答案

第一次移成：

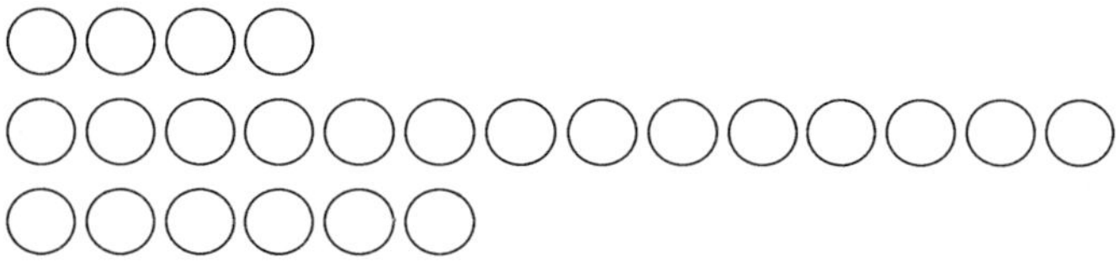

第二次移成：

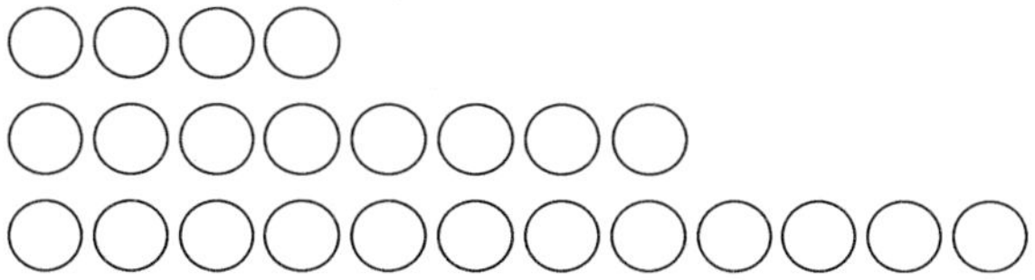

第三次移成：

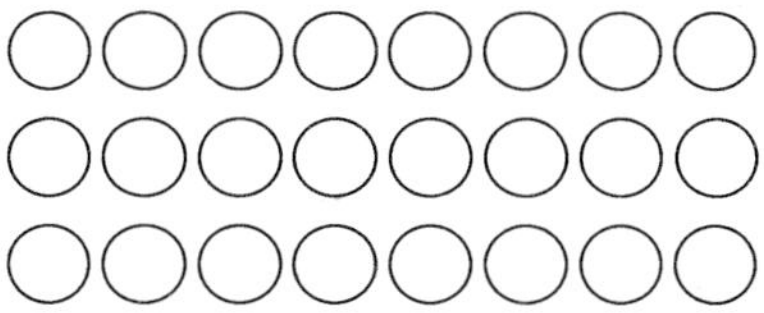

## A14　三只钟答案

经过720天，这三只钟又同时指在12点整。

由于爸爸妈妈卧室内的钟比客厅内的钟每天慢1分钟，彤彤卧室内的钟比客厅内的钟每天快1分钟，因此要使三只钟再次同时指在12点整，就必须使爸爸妈妈卧室内的钟整整慢12个小时，彤彤卧室内的钟整整快12个小时才行。由于12小时为720分钟，所以需要经过720天，这三只钟才又同时指在12点整。

## A15　扩大招生答案

需要4年的时间。

根据题意，后年学校将招收500名新生，第三年将招收600名新生，第四年将招收700名新生。到了第四年，学校一年级有学生700名，二年级有学生600名，三年级有学生500名，在校生共计1800名，从而实现了在校学生达到1800名的计划。

## A16　扩建养鱼池答案

扩建方法如图所示：

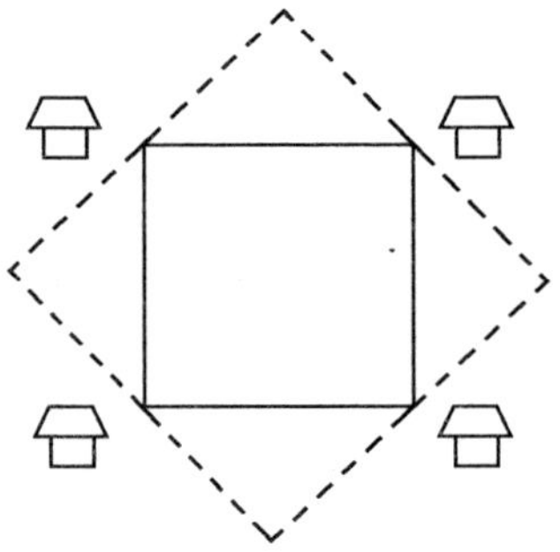

## A17　勤懒之别答案

弟弟需要54年才能学得哥哥在6年间学得的知识。

因为哥哥好学，举一反三，所以哥哥学3得9。而弟弟厌学，学三忘二，所以弟弟学3得1。按照这个规律，对于先生所教的同样3点知识来说，哥哥得到了 9 点知识，而弟弟却只得到了 1 点知识，即弟弟得到的知识是哥哥的九分之一。因此哥哥在 6 年间得到的知识，弟弟需要在 $6\times 9=54$（年）间得到。

### A18　成对移子答案

移法如图所示：

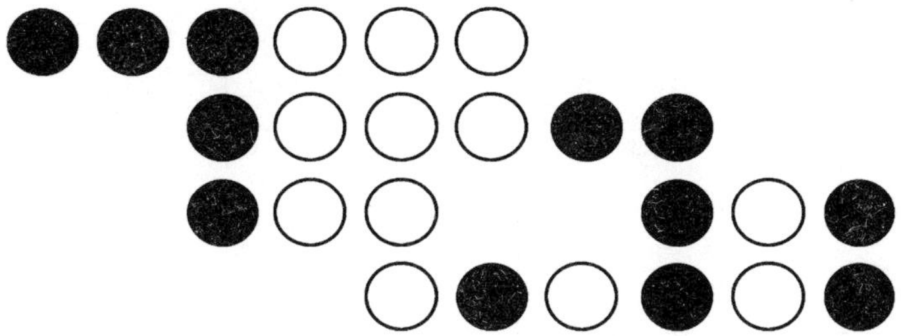

### A19　提前放学答案

莉莉步行走了 50 分钟。由莉莉和哥哥比平时早到家 20 分钟可以知道，这 20 分钟正是摩托车从相遇点到地铁站跑一个来回所用的时间。也就是说，莉莉和哥哥相遇时的时间应该比 5 点 30 分早 10 分钟，即 5 点 20 分。莉莉从 4 点 30 分开始步行，走到 5 点 20 分与哥哥相遇，所以莉莉步行用了 50 分钟。

### A20　锯铁条答案

在两人出力一样的情况下，B 不会比 A 花费更多的时间。

虽然士兵 A 只要锯下 9 段铁条，但由于他要把这 9 段铁条从一个铁环上锯下，所以他首先要将铁环锯开，这样一来，他要锯 9 次才能完成任务。而士兵 B 是要从一条铁棍上锯下 10 段铁条，他也需要锯 9 次才能完成任务。可见，只要两人出力一样，所花的时间也是一样的。

### A21　计时换岗答案

这位聪明的保卫人员想出的办法是：以钟表的长、短指针重叠在一起时为换岗时间。因为，在钟表 12 个小时的运行中，长指针要经过短指针 11

次，即长、短指针要重叠 11 次。所以，以钟表的长、短指针重叠在一起时为换岗时间，就可以将站 12 小时岗的任务平均地分给 11 名保卫人员来完成，而且这样分配简便易行。

## A22　摆石子答案

答案如图所示：

| | | |
|---|---|---|
| 5 | 5 | 5 |
| 5 | | 5 |
| 5 | 5 | 5 |

## A23　乌龟与兔子答案

当乌龟到达终点时，小白兔距离终点 1500 米。

由乌龟的速度为 15 米 / 分，可以知道乌龟爬完最后的 600 米需要时间 $600 \div 15=40$（分）。在这 40 分钟内，小白兔可以跑 $150 \times 40=6000$（米），于是可以得出，乌龟到达终点时，小白兔距离终点 $7500-6000=1500$（米）。

## A24　河宽多少答案

河宽为 1760 米。

两船第一次相遇时，相遇点距较近一岸 720 米，此时两船所行驶的距离之和即为河宽。两船各自抵达对岸时，它们所行驶的距离之和为河宽的 2 倍。再次相遇时，两船所行驶的距离之和为河宽的 3 倍。此时每艘船所行驶的距离为第一次相遇时各自行驶距离的 3 倍。第一次相遇时，一艘船行驶了 720 米，那么在第二次相遇时，它就行驶了 $3 \times 720=2160$ 米。而第二次相遇时，相遇点距另一岸 400 米，这 400 米正是 2160 米比河宽多出来的。所以，河宽为 $2160-400=1760$（米）。

### A25　赔本的卖葱人答案

最初，农民以每斤1元钱的价格卖葱是将葱白和葱叶都按照每斤一元钱来计算的，可后来将葱白和葱叶分开卖，葱白卖8角钱一斤，葱叶卖2角钱一斤，这样一来实际上是每两斤卖了1元钱，那么他所得到的钱当然就少了一半了。

### A26　贪婪的商人答案

商人这一天一共走了39.7公里，他所走的路围成的土地面积是76.2平方公里。

根据题意可以知道，商人这一天所走的路构成如图所示的直角梯形ABCD。从图上可以看出来，商人这一天所走的路程为AB+BC+CD+DA，而 $BC=\sqrt{15^2-(10-2)^2}\approx 12.7$（公里），所以这一天商人一共走了10+12.7+2+15 ≈ 39.7（公里），所围成土地的面积为（10+2）/2 × 12.7=76.2（平方公里）。

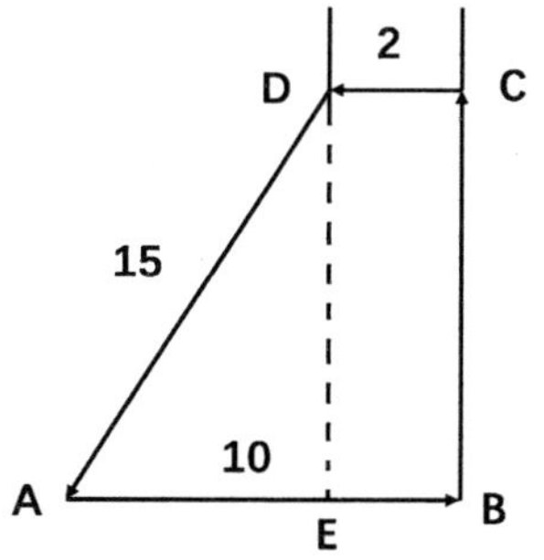


### A27　小狗走的路答案

狗一共走了100里路。

因为王明每小时走6里，张强每小时走4里，而二人起初相距100里，所以二人出发后10小时碰面。在这期间，狗也走了10小时，而狗的速度为10里 / 小时，因此狗一共走了100里。

### A28　巧过关卡答案

兄弟三人将5只羊分成三群，三群羊中有两群是由2只羊组成，另一群由 1 只羊组成，兄弟三人每人赶一群过关卡。在过关卡时，赶两只羊的人要被扣下所赶羊的一半，即 1 只，然后又由恶霸退回 1 只。过得关卡后，赶 2 只羊的人还有 2 只羊。而赶 1 只羊过关卡的人要被扣下他所赶的羊的一半和附加的半只，也就是要被扣下 1 只，但恶霸还应退还给他 1 只，所以他过得关卡后仍有 1 只羊。兄弟三人就是这样通过五道关卡而没被扣下羊的。

## A29　羽毛球大赛答案

要比出这次大赛的冠军，最少要进行 1844 场比赛。由于比赛采用的是淘汰制，因此每场比赛就要淘汰出 1 人。而要比出这次大赛的冠军，就要淘汰出 1844 名选手，即要进行 1844 场比赛。

## A30　路标答案

汽车在这两个小时内行驶了 110 公里，小莉第二次所见到的路标上的公里数是 16061。

## A31　巧设电梯答案

至少要有六部不同停法的电梯才能满足要求。这六部电梯所停楼层的情况如图所示，其中的圆圈表示此层要停，箭头表示此层不停。

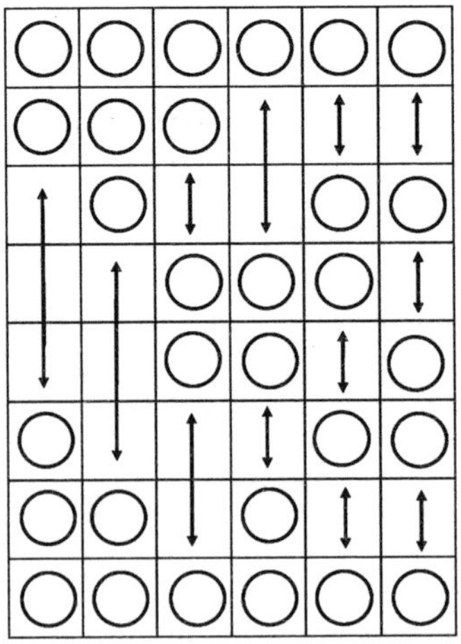

## A32 各有多少钱答案

卢卡斯有 85 元，姐姐莫莉有 125 元。

姐姐莫莉给卢卡斯 20 元钱后，莫莉和卢卡斯分别有：210÷2=105（元）。于是可知，莫莉有 105+20=125（元），卢卡斯有 105−20=85（元）。另外，若由卢卡斯给姐姐莫莉 15 元钱，莫莉的钱数就是卢卡斯的钱数的 2 倍，即（85−15）×2=140=125+15，也可以证明上述答案是正确的。

## A33 无秤也能卖油答案

售货员先把容积为 3 斤的瓶灌满油，倒入容积为 7 斤的那个瓶子里。倒第三次时，容积为 7 斤的瓶子满了，容积为 3 斤的瓶内还剩有 2 斤油。接着，售货员把容积为 7 斤的瓶内的油全部倒入容积为 10 斤的瓶内，再把容积为 3 斤的瓶内剩下的 2 斤油倒入容积为 7 斤的空瓶内。最后，售货员从容积为 10 斤的瓶内倒 3 斤油到容积为 3 斤的瓶内，再将这 3 斤油倒入容积为 7 斤的瓶内，此时容积为 7 斤的瓶内的油就是 5 斤了。售货员就是用这种方法给顾客分出 5 斤油的。

## A34 爱丽丝的积木答案

每一个立方体都有六个面。由于爱丽丝的三块积木做得一模一样，因此从图中可以知道，积木的六个面分别被涂成红、黑、绿、黄、蓝、白这六种颜色。

由于立方体的任何一个面都有四个面和它相邻，因此六个面中剩下的另一个面就一定是它背面的那个面。另外，积木的六个面又分别涂了不同的颜色，这样，要判断某一面的背面是什么颜色，只要知道与它相邻的四个面涂的是什么颜色，再在上述六种颜色中除去这五个面的五种颜色，剩下的一种就是这一面的背面所涂的颜色。

根据图中三块积木放置的位置，我们可以知道，与黄的一面相邻的四个面的颜色分别为：黑、白、红、蓝，于是可以断定，黄的一面的背面涂的是绿色。根据同样的道理可以推知，白色背面涂的是蓝色，红色背面涂的是黑色。

## A35 鸡生蛋答案

今天鸡生了6个蛋。

首先可以肯定，这两天鸡生蛋的数目均为正整数。其次可以肯定，这两个数均为偶数。因为如果两数均为奇数，那么其和虽然为偶数，但其积为奇数，这样和加积就不可能得到偶数34。两数也不能一个为偶数一个为奇数，否则其和为奇数，积为偶数。由此可以判定这两天鸡所生蛋的数目都是偶数，它们的积必定为4的倍数。将34分成4的倍数和某一偶数的和，有：$34=8\times4+2=7\times4+6=6\times4+10=5\times4+14=4\times4+18=3\times4+22=2\times4+26=1\times4+30$。由于这两天鸡生的蛋数都为偶数，可知这两天鸡生的蛋数分别为4和6。又因为今天比昨天生的蛋多，所以今天鸡生了6个蛋。

## A36 猛虎与小狗答案

如果小狗在圆形池塘中沿着圆周游，那么无论游到哪里，都会被猛虎牢牢盯住。

如果小狗跳下池塘后就沿着直径笔直往前游，那么猛虎就要跑半个圆周。由于半圆长是直径的 $\pi\div2\approx1.57$ 倍，而猛虎的速度是小狗的2.5倍，因此猛虎还是能够抓住小狗。

所以，小狗要能逃出虎口，就必须利用猛虎沿着圆周跑这个特点，在跳下池塘后就游向圆形池塘的圆心。到达圆心后，看准猛虎当时所在的位置例如P，立刻沿着和猛虎连线的相反方向游去。这时，小狗要上岸（B点）只需要游池塘半径的长度，而猛虎要跑的距离仍然是半个圆周长，也就是半径的 $\pi$（约3.14）倍长。可是猛虎的速度仅为小狗游泳速度的2.5倍，当猛虎跑到B点时，小狗早已逃之夭夭了。

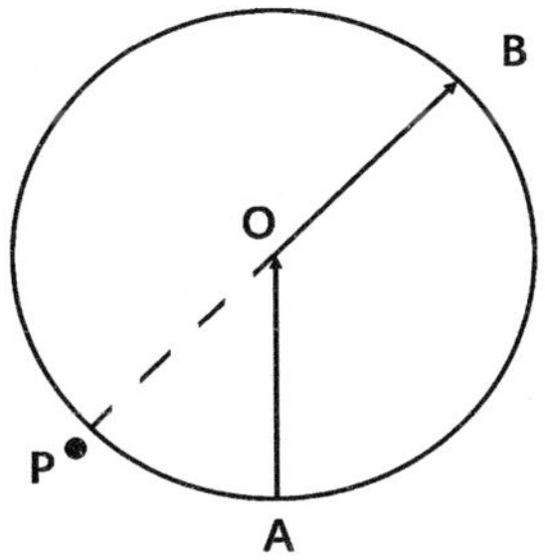


## A37　不知去向的 2 元钱答案

实际上那 2 元没有少，只是题中的算法不对。正确的算法应该是：三个人一共花了 54 元，店员扣下了 4 元，那么三个人所花的 54 元减去店员扣下的 4 元，就是食品店应收三人的钱数 50 元。用这种方法算，钱数就对上了。

/ 第三章 /

# 人生总会有办法
## ——逆向思维游戏

聪明人都习惯运用逆向思维，他们相信，所有事情都可以打破常规思维去思考，这也是他们的大脑运转更快的原因之一。

## Q1　威廉的笑话

威廉的耳朵听不见，但他却不愿让别人知道自己是聋子。一天，他请几位朋友吃饭，一个朋友讲了一个有趣的故事，大家都笑了，威廉也跟着大笑，然后他又郑重地说："我给你们讲个更有趣的故事……"

果然，当他把故事讲完，大家笑得更厉害了。

你能猜到他讲的是什么故事吗？

## Q2　中秋赏月猜字谜

在中秋佳节这天，铭铭全家坐在自家院子里，一边赏月一边猜谜语。

爸爸先开口说："今天咱们就来猜字谜吧，我先来——有水能种荷花。"妈妈听了笑了笑，马上接上一句："有土能种庄稼。"旁边的表姐听到了，说："有人不是你我。"姐夫听了，笑着接道："有马大步飞跨。"爸爸听后满意地点点头，大家都向铭铭看去。

铭铭听完大家讲的，歪着脑袋想了想，很快就在纸上写下了这个字，你知道是什么字吗?

## Q3　李秀才巧戏地主

从前有一个非常吝啬刻薄的地主，听说县里有个李秀才十分有才，便整日缠着他为自己的新宅子免费写对联。满腹诗书的李秀才本不愿与这种人有来往，但地主在本地财大势大，实在缠不过，李秀才只好写了一副对联:“此宅安能居住，其人好不伤悲。”

地主见了李秀才给自己写的对联，十分生气，便拿着对联到县衙里去告李秀才，说自己的新宅子竟遭李秀才如此咒骂，可见李秀才心胸恶毒。

李秀才被传到县衙里，听了地主对自己的状告，笑着对县官说:“这哪里是骂他的，明明是祝贺他的，只怪他不会读罢了。”说罢，就把那副对联加上标点读了一遍。县官听后，反倒怪起地主冤枉好人了。

你知道李秀才是如何加标点的吗?

## Q4　急中生智

战争年代，两名战士要去前方执行任务，走到一条河边，却发现桥已被洪水冲垮，只有两个孩子在河中划船。他们应战士的请求把船划向岸边，但是船很小，只能容纳一个大人或两个小孩。一名战士沉思了片刻，想出了渡河的办法。

请问，战士们是怎样渡河的?

## Q5　生命不能承受之轻

有一位杂技演员，带着两只大铁球，要过一座快要坍塌的旧桥。这座旧桥只能承受杂技演员再加一只铁球的重量。这位杂技演员利用杂技技巧，把两只铁球轮流地抛起来，这样，在同一时间内，他的手中就只有一只铁球。

请问，他能安全地过桥吗？

## Q6　牧羊人的疏忽

树下的木桩旁有只羊，羊头上牢牢地套着一根 3 米长的绳子。牧羊人在离木桩正好 4 米的地方放了一堆草。可不知何时，羊已将草全部吃光。拴羊的绳子既没断，也没有解开，羊是怎样吃到这堆草的呢？

## Q7　巧断悬案

某县官断案如神。有一天，衙役们抓到三个盗窃嫌疑犯，他审了半天也没有结果。最后，县官说，把他们都押到黑牢里去，放上我的宝葫芦，吩咐他们自己去摸，宝葫芦自然会判断出盗窃犯是谁。第二天，县官果然把盗窃犯找了出来。你知道这是为什么吗？

## Q8　评酒趣话

在一次国际评酒会上，代表中国参赛的酒商因酒的包装简朴，未受重视，几乎无人品尝他的酒，眼看就要名落孙山。这时，酒商灵机一动，最后出其不意地夺得了金奖。猜猜看酒商采用了什么妙法？

## Q9 几桶水

有一次，皇上问他身边的大臣：“王宫前面的水池里共有几桶水？”大臣们面面相觑，都答不出来。

后来，有个大臣说：“听说城东有个叫巧儿的孩子很聪明，人人都叫他神童。要不要把他喊来？”

皇上听了很高兴，赶紧派人把巧儿找来了。巧儿来了以后，眨了眨大眼睛，马上就回答出来了，他的回答让皇上十分满意。

你知道巧儿是如何回答的吗？

## Q10 巧取卡片

光滑的桌子上放着一张光滑的卡片，卡片上压着一只光滑的玻璃杯，杯中还有半杯水。如果不允许用其他工具去触碰玻璃杯，你将用什么巧妙方法把卡片取出来，而使玻璃杯仍旧放在原处，水也不泼洒出来呢？

## Q11　机智过桥

以前有一条河，水流湍急。河上有一座桥，桥面宽三尺，两边没有栏杆。这时，南来一个推车的，车上装满了柴火，柴宽四尺；北往一个挑担的，担了两捆苇席。两人急着去赶集，都想先过桥。到了桥上他们互不相让，可也没有发生争吵，都顺利地过了桥。

你能想出这两个人是怎么过桥的吗？

## Q12　父亲与儿子

两位父亲给两个儿子零用钱。一位父亲给儿子 1000 元，另一位父亲给儿子 500 元。可当两个儿子一起数自己的钱时，却发现两个人的钱加在一起只有 1000 元。这是为什么呢？

## Q13　巧识金杯真伪

一天，彩虹国的国王对大臣们说："这里有 27 个金杯，形状、大小完全相同，但其中有 1 个是包金的银杯。这里有一台天平，但只准称三次，就得把银杯找出来，你们谁能做到呢？"大臣里面有一个人响亮地应声道："我能。"不一会儿，他就把银杯找出来了。你知道他采用了什么方法吗？

## Q14　数手指

一天，妈妈发现海瑟薇正在专心致志地数着自己的手指头，而且所用的方法很奇妙。她从大拇指开始数 1，食指数 2，中指数 3，无名指数 4，小指数 5，然后又回过头来，无名指数 6，中指数 7，食指数 8，大拇指数 9，后又反回去，食指数 10，中指数 11……

妈妈觉得这种数手指的方法挺有意思，于是便问海瑟薇：“你这样数下去，数到 1990 时，应该落到哪个手指上？”

海瑟薇想了一下，便说出了答案。你知道答案吗？

## Q15　三个小伙的衬衣

三个帅气的小伙，一位姓白，一位姓黄，还有一位姓蓝。这天，他们穿着衬衣一起在商店排队。三人穿的衬衣，一件是黄色，一件是蓝色，还有一件是白色。穿白衬衣的小伙先开口说道：“我们三人衬衣的颜色正好是我们的三个姓。不过，每个人的姓与穿的衬衣颜色却对不上。”姓黄的小伙看了一下说：“正是如此。”你知道他们三人各穿什么颜色的衬衣吗？

## Q16　被嘲笑的国王

从前有一位高傲的国王，他对另一位国王说：“你可笑又无知，谁也不因为你是国王而尊重你，甚至没有人称你为国王，你算什么君主呢？”

“唉。”那个被嘲笑的国王悠然自得地答道，“其实，我是世界上最有声望的国王，没有一个国王能与我相比。你看——几乎没有一个国家的人民不认识我，其中不少还是我的好朋友。我的图书用各国的语言文字成千上万地发行。我虽然经常参加战斗，但是谁也不认为我是暴君。在战争取得胜利的时候，我不会付出血的代价；打了败仗的时候，我和我的臣民一样安然无恙，而且马上可以再打一仗。最重要的是，我比世界上任何国王都安全，因为我绝对不怕任何的政变！”

高傲的国王听了这番话，默默无言，惭愧地走开了，因为这个国王说的都是真话。

请你想一想，这个国王到底是谁呢？

## Q17　鱼是否少了

有一个富商，在冰岛向当地渔民购买了大批食用鱼，共5000吨。他亲自监督过秤，重量不差，又亲眼看着鱼装上了船，然后起锚开航，将鱼运到赤道几内亚进行加工。航行途中，他还派专人看守装鱼的船舱。经过几十天的

航程，来到赤道几内亚。谁知一过秤，发现鱼少了 19 吨，你知道少的鱼到哪里去了吗?

## Q18　机智过铁桥

某地有一条很宽的河，河上架了一座行车的大铁桥。桥很长，人们用最快的速度走到对岸，也要八分钟。

这座铁桥是禁止行人通过的，桥上有一个看守，他看见有人过桥，便会加以阻止，强迫过桥的人退回去。可是这个看守有个打瞌睡的习惯，每次瞌睡的时间总是整整两分钟，之后他总能醒来。所以如果有人想趁着看守打瞌睡的时候，一下子从桥上溜过去，也是不可能的。

一天，有个人因为有急事，必须过桥去，他左思右想，居然想出个办法来，走过了铁桥。你知道他想的是什么办法吗?

## Q19　巧离险境

杰瑞和汤米用软梯攀下一个深谷，准备探寻一个谷底的洞穴。不料，还没走多远，谷底的泉水忽然大量涌出，没多一会儿，水就没到了腰部，并不断上涨。他们两人没想到谷底会发大水，既不会游泳，又没带潜泳救生工具，只能立刻攀软梯出谷。但所用的软梯负重是 250 斤，攀下时他们是一个一个下来的，因为他们的体重都是 140 斤左右。如果两个人同时攀梯，势必将软梯压断；若依次先后攀梯而上，水势很急，时间上肯定来不及。你能帮助他们想一个办法安全脱险吗?

## Q20 忘性草

一个小商贩来到一个乡村客栈过夜。他把包放在地板上，让老板娘给他准备晚饭。

老板娘在厨房做晚饭的时候，对丈夫说："我们要是能弄到这个小商贩的包该多好啊！"

"好办，"丈夫答道，"给他在晚饭里放些忘性草。这样，他总要忘点什么！这个小商贩除了包，还能忘掉什么呢？"

老板娘一听很高兴，赶紧把忘性草放到晚饭里。小商贩吃了晚饭，就回自己的房间睡觉去了。

第二天一大早，小商贩就离开了客栈。老板娘一觉睡到醒，忙跑到小商贩的房间看，发现里面空空的，什么都没有留下。她骂起了丈夫："傻瓜，你还跟我说什么忘性草呢，你看那个商贩压根就没忘记自己的包！"

丈夫听了反驳道："那总忘掉了别的什么东西？"老板娘喊道："什么也没忘！"丈夫生气地说："不可能！你再好好想想！"这时老板娘一拍前额，喊道："忘了！忘了！"

你知道商贩忘掉了什么吗？

## Q21 法官巧断宝石案

洛克是西部著名的富商，有一次，他丢了钱包，于是发出悬赏令：谁能找到他的钱包，就把钱包中的钱分一半给谁。一个船员捡到了钱包，把它还给了洛克。可是，洛克却舍不得给钱了。他转了一下眼珠，对船员说："我钱包里还有一块宝石，你还给我宝石，我再把钱分你一半。"船员生气地说："你在撒谎，你的钱包里根本没有宝石！"

他们争吵了很久，最后吵到法官那儿，法官听后，知道洛克是借故赖掉应该分给船员的那部分钱，很为船员抱不平。于是他想了一个很好的办法，使船员得到了钱包中的所有钱，而且让洛克无法反驳。你想想看，法官的办法是什么？

## Q22　小水池水位的变化

一只满载石块的小船在小水池中行驶，如果将船上的石块抛到水池中，池水的高度是否会发生变化？你能说出其中的原因吗？

## Q23　邮票被盗

在一次邮票展览会上，由于秩序混乱，一张珍贵的邮票不见了。窃贼在逃离会场时，被一名集邮爱好者发现，并一直尾随到他的住处。

集邮爱好者报案后，侦查员艾米丽立即来到窃贼家中，拘捕了他。艾米丽仔细查看窃贼的房间，发现只有一张床、一张桌子、一个小柜子和一台开着的电扇。艾米丽把屋内所有的东西和各个角落都搜查了一遍，没有发现赃物，这下艾米丽犯难了。

你能帮助艾米丽把那张失窃的邮票找出来吗？

## Q24 橘子堆上的纸条

从前有一个人在路边卖橘子。他在橘子堆上放了一张纸条，上面写了六个大字："此地出卖橘子。"有一个路人看了以后对他说："你不必写这么多字，少写两个也可以。"卖橘子的人觉得言之有理，便把纸条上的字去掉了两个。过了一会儿，又有一位路人说，纸条写得太啰唆，于是，他又去掉了两个字。不一会儿，又有一个路人对他说："老板，你只要写一个字就行了。"卖橘子的人又照他讲的做了。最后，橘子堆上的纸条只剩了一个字。

你能说出卖橘子的人依次去掉了什么字吗？

## Q25 巧过独木桥

从前有一个农民，挑着空箩筐正准备回乡，刚走到一座独木桥的中间，迎面碰到一个急着上学的小学生，农民想：小学生急着去上课，还是我退回去吧。

可是农民刚转身要往回走，看见后面又来了一个小孩，也是急匆匆地要过桥，农民自言自语地说："这可怎么办呢？"这时小学生微微一笑说："有办法了！"于是按照小学生说的办法，三个人都顺利通过了桥。你知道小学生想的是什么办法吗？

## Q26 取服装的哑谜

老常经常到附近的一家裁缝店做衣服，裁缝老马和他已经很熟了。一天，老常要做一件上衣，老马量完尺寸后，给老常开了一个取衣凭单，日期处写的是"春秋时期"四个字。老常看后，知道是条谜语，随即在凭单上写下一个"口"字。老马看了，知道老常已经用谜解谜，知道了取服装的时间。你知道是什么时候取服装吗？

## Q27 财主的算盘打错了

古时候有一个道士吹嘘，如果谁能得到他道观中的仙气，就可以十年不生病，身体健康。其实他就是想把他住的道观中的空气用欺骗的方法卖给迷信的人。

一个财主得知后，妄想长生不老，跑来说："我想买你道观中的所有仙气。"道士听后，心想仙气只不过是空气，是取之不尽的，便欣然说："可以，我可以把道观中的所有仙气都卖给你。不过每立方米仙气要 10 个铜钱，道观一共是 100 立方米，你就给我 1000 个铜钱吧！”

财主听了，觉得不合算，说：“不能按体积算，每公斤给你 10 个铜钱。”

道士听后心里一算，知道财主的算盘打错了，便高兴地答应了。

你知道财主的算盘为什么打错了吗？

## Q28　巧辨名画真伪

京城汴梁街头，有人手执画卷，高声叫卖：“珍藏前朝名画——‘百马图’，识货者切莫错失良机，欲购从速！”人们蜂拥而至，举目细看，画面上群马嬉戏，千姿百态，踢腿昂首，栩栩如生。画中最引人注目的是一匹红鬃烈马，它一面俯首吃草，一面圆瞪双眼。

正当人们争购这幅画时，人群中忽然跳出一个人来，“唰”地抖开另一幅画，叫道：“各位请看！‘百马图’的真本在此。刚才那幅画，不过是模仿真本的伪作！”众人一看，两幅画几乎一模一样，其差别是在红鬃烈马的眼睛上，后者画中的红鬃烈马埋头在草丛中吃草，双眼闭合，像是边吃草边打瞌睡的样子。两个卖画人激烈地争论起来，都说自己的画是真本。

据传，“百马图”的作者十分了解马的生活习性。那么到底哪一幅才是真本呢？为什么？

## Q29 聪明的鲍西亚

莎士比亚的著名喜剧《威尼斯商人》中有这样一个故事：热心善良的商人安东尼奥为了帮助朋友巴萨尼奥解决困难，向放高利贷的犹太人夏洛克借了 3000 块钱，讲定三个月后，他的商船队回港时归还。夏洛克记恨安东尼奥曾辱骂过他，为了报复，提出了苛刻的条件：如果到期不能归还借款，就在安东尼奥的胸口割下一磅肉来作为处罚。安东尼奥答应了，双方签订了借约。三个月后，安东尼奥由于商船遇难，不能按期偿还借款。狠毒的夏洛克便向公爵提出控诉，要求按约割取安东尼奥胸部的一磅肉作为处罚。

巴萨尼奥为了朋友免遭灾难，愿付 6000 块钱给夏洛克，以偿还借款，夏洛克不答应；公爵费尽口舌劝夏洛克不要这样做，他也坚决不答应。

后来，巴萨尼奥的妻子——聪明的鲍西亚知道了这件事，便化装成法官来审理这个案子。她同意夏洛克的起

诉，认为安东尼奥应按约付给夏洛克一磅肉，但是，必须有两个条件。夏洛克无法满足这些条件，因而败诉。你知道鲍西亚的条件是什么吗？

## Q30　谁没有关闭路灯

露西、丽萨、米莉和缇娜四个同学住在一间宿舍，按照学校规定，每天晚上最迟回到宿舍的同学要关闭室外过道的路灯。

有一天晚上，最后回宿舍的那个同学忘了关路灯。第二天，宿舍管理员前来查问谁是最后一个回宿舍的。

露西说："我回来的时候，米莉还没睡。"

丽萨说："我回来的时候，看见缇娜已经睡了，我也就睡了。"

米莉说："我进门的时候，丽萨正好上床睡觉。"

缇娜说："我上床就睡着了，什么也不知道。"

她们四个人讲的都是真话。请你猜一猜，到底谁是最后一个回宿舍的呢？

## Q31　谁是凶手

在深山中有一座寺庙，庙中的一个老和尚房间里有一个磬。这个磬经常在没人动它的情况下发出响声，有时是在白天，有时是在半夜。老和尚总以为自己做了什么错事，是菩萨派鬼来惩罚他，整日提心吊胆，十分惊慌，因此得了重病。他的一个师兄闻讯前来，一进老和尚的住房，正好寺院里响起洪亮的钟声，老和尚房里的磬也跟着响了起来。他一下明白了师弟之前所说的闹鬼的原因，知道了真正的凶手。于是拿来一把锉，在磬上锉缺了几处地方，从此这个磬再也不会不敲自响了，老和尚的病也好了。你知道这是为什么吗？

## Q32　如何取出小铁球

有一群小朋友在操场上玩一个小铁球，一不小心，小铁球滑到一个小洞里去了。球比洞口稍微小一些，大家有的拿棍子去夹，有的拼命想把手伸进洞去，有的想把小洞挖开，好取出铁球。

这时，有一个小朋友走过来，只见他向小洞里撒了些东西，然后用小棍拨弄小铁球，不一会儿，小铁球就慢慢升出洞外来了。

你知道这位小朋友在小洞里撒的是什么东西吗？小铁球为什么能升出来呢？

## Q33　谎报偷盗案

一天晚上，侦探员艾克正准备去吃晚饭，这时有个人跑来报案，说道："我是个单身汉，一个月前，我因公出差，今天才回来，到家一看，门锁居然被撬开了。"

侦查员艾克急忙与助手赶到报案人家，见门锁被撬坏，箱子、柜子里的衣物扔了一地，墙上的一个旧挂钟还在走着。

"你回家后，屋里是否有人进去过？"艾克问。

"没有，我一发现门被撬，就马上来向你报案了。"那人说。

侦查员艾克立即断定报案者在说谎，至于作案动机，还有待查清。你知道艾克是根据现场的哪一点破绽，断定报案者是在说谎的吗？

## Q34　天使赌输赢

一天，天使加百列提出要和天使拉斐尔比一比，看谁喝水喝得多，谁赢了，谁就当天使长。拉斐尔答应了。

加百列领着他来到海边，说：“拉斐尔，你先喝吧！”

拉斐尔慢腾腾地走入海中，咕咚咕咚地喝了起来。喝了一会儿，加百列在一旁说：“咦！拉斐尔，这海水怎么越喝越多啦？”拉斐尔感到莫名其妙，自己喝得够多的了，肚子已经胀得鼓鼓的，为什么海水会越来越多呢？

轮到加百列喝水了。只见他一会儿腾空展翅，一会儿俯冲下去，一会儿把嘴伸进水里。最后，他回到拉斐尔跟前说道：“拉斐尔，我喝的水比你多。你看，刚才海水把这块大石头淹没了，现在被我一喝，这块大石头全露出来了，海水比刚才浅多了。”拉斐尔连连点头，钦佩加百列喝水的本领，承认自己输了。

加百列是怎样赢了拉斐尔的，你知道吗？

## Q35 智擒偷衣贼

从前，有一个姓王的巡抚到外地视察，恰巧碰上一家豪绅要嫁女儿，嫁妆很多，哪知衣服被贼偷走了。当地知府没法破案，王巡抚命人把东、西、南城的城门关起来，只留一个北城门放老百姓进出，并派得力公差把守，严密检查来往行人装载的东西。他暗中吩咐把守城门的公差，如果有什么人再三进出城门，就抓起来。同时贴出告示，通知全城居民，让他们都回到自己家里，等候第二天的全城大搜查。

过了中午，公差抓了两个人。这两个人除了身上穿的衣服外，没有携带任何东西。王巡抚说：“他们就是偷衣贼。”那两个人狡辩不认。王巡抚命令他俩解开衣服，结果发现：他们外衣里面穿着两套女人的衣服，而且都是嫁妆中的衣服。

王巡抚怎么知道这两个人是贼呢？

## Q36 如何知道正确时间

小马把手表和闹钟都弄坏了，玻璃碎了，指针也没有了。即使是这样，小马坐在屋里仍能知道正确的时刻，他是用什么方法知道的呢？

## Q37 有多少条金鱼

爷爷养了一缸热带鱼和一缸金鱼。因为鱼缸的折射，小张总也数不清共有多少条金鱼，多少条热带鱼。小张问爷爷，爷爷回答说："这里的热带鱼和金鱼数量是一样的，用热带鱼数乘金鱼数，把得出的数字在镜子中照一照，在镜子中看到的数就是金鱼和热带鱼的总数。"

你知道金鱼和热带鱼共有几条吗？

## Q38　王秀才借衣相亲

王秀才家道贫寒，妻子去世多年还没有续娶。年前，岳父李老员外托人捎信给他，让他大年初一过去玩，顺便带他到赵员外家相亲。王秀才知道岳父是想让自己续娶赵员外的女儿，心中十分欢喜。可是相亲总得穿一件好一点的衣服，何况又是大年初一呢！他看看自己身上的破旧衣衫，不禁深锁双眉。“有了！”他猛然想起同窗好友张秀才和自己身材相仿，家境又好，便决定去向他借一件衣裳。

王秀才匆匆来到张秀才家，向他说明了来意。张秀才笑笑说：“我这里刚找出一件新衣，你穿着肯定合身。只是正月没有初一呀，你怎么到岳父家去？又如何能到赵员外家去相亲呢？”

王秀才想：“大年初一就是正月初一，怎么张秀才说正月没有初一呢？不肯借也就罢了，还要打趣人，真是让人生气！”于是他气愤地转身就走。但他刚一转身，却又马上回来，高兴地拿起张秀才的那件新衣走了。

为什么王秀才走了又回来呢？

## Q39　成语哑谜

猜谜会的大厅入口处有一张桌子，上面放着两只香蕉，一只在左边，一只在右边，中间放着一把快刀。猜谜者必须连续做三个动作，代表猜谜会中的三个成语哑谜的谜底。有一个人走过去，把快刀拿起来，刀刃对着香蕉，然后举刀向左边的香蕉晃了晃，却一刀将右边的香蕉砍成两半。主持人说他都猜中了。

你知道这三个成语哑谜的谜底是什么吗？

## Q40　跷跷板怎样倾斜

在夏天的中午，把一个篮球和与篮球同等重量的冰块分别放在跷跷板的两端，使跷跷板保持平衡。请问，这样放下去，跷跷板最终会怎样倾斜？

## Q41　秀才的字谜

有一次，李秀才到朋友家做客，谈了一会儿后，李秀才出了一个谜语让他的朋友猜，谜面是："画时圆，写时方，冬日短，夏日长。"朋友略加思索，也说了一个谜面让李秀才猜："东海有鱼，无头又无尾。抽去脊梁骨，就是这个谜。"两个人会心地笑了。你知道这两个谜底各是什么吗？

## Q42　诸葛恪添字得驴

三国时期，一天，吴王孙权宴请文武百官。诸葛瑾（字子瑜）带着小儿子诸葛恪也来出席。

孙权在宴会上喝了很多酒，不觉有些醉了。他望着诸葛瑾长长的脸，突然闪过一个好笑的念头，就向内宫招一招手，悄悄地吩咐了几句。

不一会儿，内宫牵来了一头驴。孙权笑着从座位上站起来，走到驴前，从内宫手里接过一支毛笔，在驴脸上写了四个字："诸葛子瑜。"字写完，满厅文官武将都哈哈大笑起来。

诸葛恪见大家取笑他的父亲，心里很生气，他不声不响地拿起毛笔在"诸葛子瑜"下面添上了两个字。参加宴会的文武百官先是一惊，接着又大笑起来。大家都称赞诸葛恪是个聪明孩子。孙权也乐呵呵地对诸葛恪说："凭这两个字，就把驴送给你吧！"

想想看，诸葛恪添的是两个什么字呢?

## Q43 修女伪装骗院长

西班牙和法国边境上的比利牛斯山中，有座修道院。据说，每当两国发生冲突时，最先受害的总是这座修道院。

这座修道院是3层楼的四方形建筑，从2楼开始，每边都有6扇窗户，也就是说,2楼和3楼各有8个房间作为卧室。由于3楼各房间内的床铺较多，所以3楼住的修女人数是2楼的两倍。修道院史院长恪守该院创立时的规定：所有住宿者都要按照规定来分配床位，3楼住的人数是2楼的两倍，建筑物各面的上下6个房间内住11个人。

有一年，西班牙与法国发生冲突。当法军被打败撤退时，有9名年轻的修女失踪，无疑是被法军俘走了。修女们怕院长知道这不幸的消息，于是巧妙地安排床位，以掩饰有人失踪的事情。

当院长晚间做例行查铺时，每个房间内都有人，而且3楼的人数是2楼人数的两倍。而事实上却有9名修女失踪。

请问修女一共有几人呢？她们是如何安排床位，使院长看不出破绽的？

## Q44 鸡鸭鱼肉

从前，有个吝啬的财主，对他家所请的教书先生十分刻薄，只管饭，不付钱，因此没人愿意去他家应聘任教。

有个精通文理的老先生，听到这种情况后，决心整治一下这个吝啬的财主。于是，老先生找到财主，表示愿意到他家任教。

财主见有人愿意任教，便找人拿来纸笔，要与老先生签契约。老先生接过纸笔，写了一份契约。财主识字不多，生怕有什么闪失，便让老先生将契约读一遍。

老先生拿起契约，读到："无鸡鸭也可，无鱼肉也可，唯青菜豆腐不可少，不得学费。"财主一听，满心欢喜，和老先生一起在契约上画了押。

到了年底，老先生先是抗议财主不给鸡鸭鱼肉吃，然后又要财主付给学费。双方争执不下，闹到了县衙门。

县官升堂问案，拿起财主和老先生共订的契约一看，立即判财主输了这场官司，并命财主付给老先生白银百两，作为学费和平时的伙食赔偿。奇怪的是，吝啬的财主听了这一判决后，竟完全认输了。这是怎么一回事呢？

## Q45 三个脸被涂黑的人

杰克、埃米和汤普森都是非常聪明的年轻人，又是非常要好的朋友。

这一天，他们三个人一起去郊游，走到一棵大树下面时，三个人都有点累了，于是坐在树下准备休息一下。不一会儿，伴随着凉爽的清风和鸟鸣，三个人都睡着了。过了一会儿，一个爱开玩笑的人从大树下经过，看到三人睡得这么熟，就想和他们开个小玩笑。于是，那个爱开玩笑的人用炭把三个人的脸蛋涂黑了，然后悄悄地走开了。

三个人醒来时，看着彼此眼中的自己，都感到非常好笑。这时，他们都觉得只有自己的脸蛋没有被涂黑，而剩下的两个人的脸是被涂黑的。突然，杰克不再笑了，他意识到，自己的脸蛋其实也是黑的。

请问杰克怎么知道自己的脸蛋也是黑的呢？

## Q46　老渔翁的妙答

从前，在海边住着一个以打鱼为生的老渔翁。

这一天，老渔翁出海打鱼，劳累了整整一天，最后只捕到了一条非常小的小金鱼。但是，这条小金鱼却非常奇特，它不但金光闪闪，而且还能在水中发出悦耳的“叮咚”声。

消息很快传到了王宫，国王好奇心起，立即令人将老渔翁和小金鱼一起带进宫来。

国王看到那条小金鱼，听到它发出的悦耳动听的“叮咚”声，高兴得近乎发狂了，指着老渔翁说道：“我要赐你一万块金币……”

这时，站在一旁的大臣赶紧跟国王耳语说：“陛下，一万块金币也太多了！”国王如梦初醒，低声说道：“话都已经说出去了，如何收回呀？”

大臣赶紧谄媚道：“陛下可以命令渔翁来辨别这条小金鱼的性别，他若说是雌性，就让他把雄性捕回来；他若说是雄性，就命令他把雌性捕回来。如果捕得来咱们再赏赐，捕不来就不赏赐。”

国王听后点了点头，于是命令老渔翁来辨别这条小金鱼的性别。老渔翁看出了国王的诡计，巧妙地回答了一句话。国王听后，只能赐给老渔翁一万块金币。

请问，老渔翁是如何回答的呢？

## Q47 机智的女特工

洛洛是一位年轻漂亮的女郎，又是一位足智多谋的特工。

这天上午，洛洛奉命在傍晚时到某地与另一个特工会面，于是她匆忙驾驶汽车沿八号公路向南行驶，这是一条绵延在浩瀚沙漠中的高速公路。

上午的天气还有些阴凉，可是从中午开始，灼热的阳光便烘烤着整个大地。由于天气原因，八号公路上车辆稀少，只有几辆和洛洛驶向同一方向的大货车。

不巧的是，昨天洛洛的汽车顶盖被拆走修理，而匆忙间她又忘了戴帽子，没有任何防晒用品。洛洛可犯了愁：如果继续这样驾车走下去，她非被晒坏不可；如果停下来避避阳光，又不能按时到达目的地。

正在不知所措之时，洛洛忽然想出了一条妙计。这样一路上洛洛始终没有被太阳晒着，也于傍晚时分到达了目的地。

## Q48　声势浩大的示威

王明明是江苏一家工厂的工人，这是家小厂，加上老板一共只有10个人，但是老板赚的钱却不少。然而，老板对工人却非常刻薄，连续三年没给工人涨工资了，这在物价一直上涨的社会是不多见的事。在忍无可忍的情况下，王明明和厂里的工人商量，要举行“提高工资”的示威活动。

这一天，王明明和其他工人举着标语牌，在工厂门口举行了示威活动，王明明在示威工人队伍的中间位置，他前面有8个人，后面也有8个人。

这就奇怪了，这是工人人数不足10人的一家小厂，而且队伍里的每个人都是本工厂的工人，为什么会出现这种情况呢？

## Q49　半条红肠

从前有一个小饭馆，它的老板是一个爱贪小便宜的人。这一天，有一个算命的人走进小饭馆，他眼睛看不见，靠算命维生。他拿出4条红肠，让老板代炒一下，并付了加热费。

老板将4条红肠拿进厨房，准备将红肠切片下锅。可这时，老板爱贪小便宜的毛病又犯了，觉得少切些红肠，算命的人也不会发觉，于是便少切了半条红肠留作己用。

红肠炒好以后，老板将其放在一个大盘子里，端给了算命的人。谁知算命的人气冲冲地问老板："你为什么克扣了我半条红肠呢？"

老板听后，自然是不肯认账，还说对方是无理取闹。双方越吵越凶，引来了许多看热闹的人。这时，算命的人说出了老板克扣他半条红肠的证据。老板立马羞红了脸，在场的人也对算命的人竖起了大拇指。

你知道算命的人说的是什么证据吗？

## Q50 作家的妙招

张小离是一个擅长写儿童故事的大作家。每天，张小离都会收到来自全国各地小朋友的信，这些信都是她的崇拜者发来的，而且都是明信片。

为了表达对广大小朋友的谢意，张小离决定，从每天近千张的明信片中抽出十张，加以回信。可是，由于明信片太多，常常出现在抽出准备回信的明信片中夹杂着一些没被抽出的明信片的情况，这样在回信的时候会产生很多不便。经过一番思索，张小离想出了一个妙招。在使用这一妙招之后，再也没有出现过在被抽中准备回信的明信片中混进没被抽中的明信片的情况了。

请问张小离用的是什么妙招呢？

## Q51 不问自明

在法国的一家电影院，曾有过这样一条规定：对号入座看电影比不对号入座看电影所花的钱要多。

一天，到这里旅游的张先生来一家电影院看电影。他拿出两张 10 欧元的钞票，递进售票口，售票员立即问道："要对号入座的吗？"张先生做了回答，并从售票口取回了电影票和零钱。

但是，令张先生不解的是，他身后的一个人也拿出两张 10 欧元递进了售票口，售票员却二话没说，给了他一张对号入座的电影票和剩余的零钱。

张先生感到很奇怪，觉得这里面一定有原因，忙问身后的那人是不是常来这儿看电影，可是那个人却说自己是第一次来。既然同是第一次来看电影，又同样用 20 欧元买票，为什么售票员只问了其中一人，而不问另一人呢？

## Q52　辞退仆人

古罗马时期有个船主叫梅丽璐，她天生不信神鬼，且知人善任。在为自己选择仆人时，唯一的要求就是仆人要忠于职守。

一次，梅丽璐买了一批货物，准备第二天用船运往下游城市转卖。当晚，她就分派仆人姆米巡船防盗。

第二天清晨，梅丽璐突然记起有件非常重要的事要马上进城办理。就在梅丽璐考虑是否要推迟航期时，仆人姆米对她说："主人，我昨晚做了一个梦，梦见一位神对我说，今天过黑龙潭的船都有难。您看我们是否可以推迟一天起航？"梅丽璐采纳了姆米的建议，吩咐停船一天，她自己便匆匆进城办事去了。

晚上，果然传来确切消息，今天经过黑龙潭的货船全部都沉没了。于是，大家祝贺梅丽璐听了仆人姆米的劝告而免遭沉船的灾难，还建议她奖励自己的仆人。

可是，梅丽璐不但没有奖励姆米，反而把他辞退了。大家十分不满，都说梅丽璐恩将仇报。

对此，梅丽璐只是笑了笑，随后说出了辞退姆米的理由，大家听了以后都表示赞同，请问理由是什么呢?

## Q53　英国逃亡故事

这是一个发生在英国的故事。

一天晚上，一个正在监狱服刑的囚犯偷偷越出了监狱，但是因为他身上穿着粗线条的斑马线囚犯服，很引人注目，因而只好躲躲闪闪地行走。

这时，周围传来阵阵嘈杂的声音，显然是警察已经发现有人越狱，并已在各个路口上布置好了警戒线。这使囚犯进退两难，于是他便四下张望，看是否有藏身之处。他发现，就在对面不远处，有一幢很是气派的大房子，房子的窗口透出耀眼的灯光，像是正在举行舞会。

囚犯考虑了一下，打算到大房子里去偷一件新衣服穿。于是他来到了大房子外面，随后又潜入屋中。但是，他一走进屋内，就被正在跳舞的人们发现了。奇怪的是，人们不但没有把他当成小偷看待，反而用热烈的掌声对他表示欢迎。这是为什么呢?

## Q54 损失知多少

一天早上，一个表店刚开门，便迎来了一个神采奕奕、风度非凡的绅士。

绅士进门以后，指指这个，问问那个。表店老板看到这样一位绅士来到他的店，认为这次一定能赚得一大笔钱，于是便倍加殷勤起来。

绅士挑来选去，最后选中了一块价值7000元的表。他从口袋里掏出一张10000元的大钞，而表的价格是7000元，于是老板要找给绅士3000元。可是老板打开放钱的抽屉一看，零钱不够3000元，只得让绅士稍等片刻，好去隔壁文具店兑换。

表店老板换回钱后，找给绅士3000元，并将表交给绅士。正当表店老板庆幸今天一开门就成交了一笔7000元的生意时，隔壁文具店老板找了过来，他告诉表店老板，那张10000元的大钞是假的，并要求表店退还他10000元。

表店老板怕把事情闹大，只好自认倒霉，取出10000元真钞交给文具店老板。这样一来，表店老板的损失就大了，可他左思右想，始终搞不清楚自己到底损失了多少钱。

你能算出来吗？

## Q55 指纹的秘密

佐藤是一名私人侦探。这天晚上，他一个人到酒吧喝酒。

他的目光很快被坐在邻座的一位漂亮女子所吸引，这位漂亮的女子大约25岁，打扮很时尚，手指涂了透明的指甲油，正在独自喝酒。

佐藤觉得她很面熟，好像在什么地方见过，可是又记不起她到底是谁。

直到那位女子离开座位，走出酒吧时，佐藤才突然记起，这个女子名字叫米莉，是一个诈骗犯，正在被警方通缉。

佐藤立即起身追出去，但那个女子已经无影无踪了。于是，佐藤向警方报了案。

警察到现场以后，立即展开了调查，他们对那位女子喝酒用的酒杯加以检验。但是很奇怪，酒杯上竟然没有留下指纹。

“奇怪，难道那个女人喝酒时戴着手套？”“不，她肯定没有戴手套，而且也不像是往水杯上贴了胶纸一类的东西。”佐藤肯定地说。看来他已经看出其中的奥秘了。这到底是怎么回事呢？

## Q56 破瓶送礼

从前，有个诡计多端的富人，他用十分卑鄙的手段骗得一只珍贵古瓷瓶。

一天，富人玩赏古瓷瓶时，不慎失手将它掉在地上。瓷瓶被摔成碎片，虽然尚能恢复成原样，但已经不值钱了。

悲痛之余，富人忽然想起自己有个酷爱古玩的老朋友就要做60大寿，何不将破瓷瓶作为礼物送给那位老朋友？这样既做了人情，还可将那个破碎的瓷瓶处理掉。于是，富人叫来用人，让他把瓷瓶的所有碎片都捡起来，不许遗漏一片，然后用纸包好，裹上棉花，钉入小木箱内，送到邮局，寄给那位朋友。同时，富人写了一封祝寿信，将古瓷瓶吹嘘了一番，并假称自己事多不能脱身，只好将其装箱寄送。

过了两天，富人又给那位朋友写了一封信，声称古瓷瓶寄出后总觉得放心不下，虽然包装得很好，但难免会被震坏，现在想起来，真觉当时不应冒失寄送，盼望朋友收到后速回信告知情况。

这封信发出后，富人感到非常得意。不料，过了几天，富人收到了那位老朋友寄给他的一封很不客气的回信，质问他寄送破瓷瓶作为贺寿礼物到底是何居心？

富人看完信，感到很奇怪：明明自己安排得很周到，并没有出现任何破绽，怎么会被他识破呢？

## Q57　选择理发店

丽香到国外的一个小镇度假，中途想去剪一次头发，没想到在镇上转了一圈，发现这个小镇上只有两家理发店，每家理发店有一名理发师，而且这两家理发店离得不远。

丽香到第一家理发店看了看，只见店里的理发师满脸胡须，头发理得也不整齐。她又朝第二家理发店看了看，发现这家理发店的理发师不仅胡须剃得干干净净，连头发也整整齐齐的。见到这两家理发店的情形，丽香想了一下，便朝第一家理发店走去，决定去第一家理发店剪头发。你知道丽香为什么选择第一家吗？

## Q58　逃去无踪

深夜，某市警方侦查处接到电话，说某集团商贸 21 楼办公室保险柜被人炸开，柜内巨款被劫匪洗劫一空。

接到报案后，侦查处立即通知了警方的巡逻车前往出事地点。报案后一分钟，巡逻车便停在了大厦门口。警察下车后，发现整座大厦漆黑一片。找来大厦的值班员询问，才知道楼内电源的保险丝断了，大厦处于停电状态。

部分警察守住大厦出入口，其他警察则来到21楼失窃的现场，劫匪已经不见了踪影。但是，这座大厦是密闭式的，根本没有出口可供劫匪逃出去。

勘查失窃现场后，警方进行了实验，证明一般人从21楼跑到1楼至少需要两分钟，而警方的巡逻车在案发后一分钟就到达了现场。这一时间上的不符该如何解释？劫匪又是用什么方法逃走的呢？

经过查询，警方断定大厦值班员是劫匪的同伙，劫匪是在他的帮助下逃走的。警方为什么会做出这样的结论？劫匪又是如何逃走的呢？

## Q59　两全其美

在日本，有一家生意很好的旅馆，每天都要接待来此住宿的客人。

但是，来住宿的客人多了，客人休息活动的空间就小了。如果长期这样下去，来住宿的客人数量必定会大大减少。因此，旅馆经理这些天来一直在考虑如何扩大客人休息活动的空间问题。

这一天，经理来到旅馆后面的一片荒地散步，看到这片尚未开发利用的荒地，他想：如果在这片荒地上种上树木，客人们不就可以到此散步休息了吗？这么优雅的环境，再加上旅馆的优质服务，必定会招来更多的客人。可是转念一想，经理又为难了，在这么一大片荒地上种植树木，是要花掉一大笔钱的。

回到旅馆，经理又陷入了苦思之中，最后竟想出了一个好办法。使用这个办法后，既达到了不花钱在荒地上种树的目的，而且还招来了更多的客人。你知道经理想出的是什么办法吗？

## Q60 特制电话

史密斯先生在事业上很成功，但是在生活上却很坎坷。他终生没有建立家庭，不到40岁就开始变聋，到了50岁两只耳朵就什么都听不见了。

一天，一位朋友来拜访史密斯先生。在和史密斯先生的笔谈中，这位朋友了解到：现在无论是谁来电话，史密斯先生都不知道。于是，这位朋友给史密斯先生安装了一部经过改装的电话——有人来电话时，这部电话上面的指示灯会亮起，以通知史密斯先生。

这部改装了的电话装好后，朋友满心欢喜，觉得自己解除了史密斯先生的苦恼。可是，没过几天，这位朋友收到了史密斯先生的一封来信，告诉他自己的烦恼还是没有解决。这是为什么呢？

## Q61　越狱之谜

在某监狱的一间单人牢房里，监禁着死囚常某。一天晚上，常某使用锐利的锯条将牢房窗户的铁栏杆锯断，越狱逃走了。

这一事件让警方感到不解。在常某被关进牢房之前，警方曾对其进行了严格的身体检查，所以他不可能将锯条带进牢房；在常某被关进牢房期间，没有收到任何从外面带进来的东西，每次他的妻子来探视时，也只能在会客室透过密闭的玻璃窗和常某说几句话，根本不会有传递锯条的机会。

那么死囚常某是怎么得到锯条的呢？

当监狱长检查牢房的时候，发现在被锯断铁栏杆的窗台上留有鸟类的羽毛和粪便。于是监狱长声称他找到了答案。你猜猜常某是怎么作案的？

## Q62　师生比画

从前，有个叫章目的人，经人介绍拜在一位老画家的门下学画。若干年后，凡见过章目作画的人，都不住地称赞。这样一来，章目也觉得自己的画技不在老师之下了。

这一天，章目提出要跟老师比赛作画，老师想了一下说："比赛可以，但是有个条件，等画画好了，咱们先各用一条毛巾把画盖住，再请众人来评判。"

章目听后，满口称好。于是，师生二人各自到自己的画室开始作画。

画好后，师生二人都按讲好的条件，将各自的画摆到了大厅里，随后又请大家来评判。

章目先将盖在自己画上的毛巾揭去，立刻博得了一片赞叹声。原来他画的是一朵娇艳的牡丹花，花儿栩栩如生，竟和真的一样。章目很是得意，对老师说："老师，现在该看您的了。"说罢，便伸手去揭老师画上的那条毛巾。此时，大家的目光也都集中到了盖在老师画作上的那条毛巾上。

只见章目在碰到老师的画时，却像触电了一样，猛地缩了回来，随后马上拜倒在老师脚下，说道："学生惭愧啊，还是老师画得好！"

老师扶起章目，拿起自己的画在大家面前一抖，把大家都惊呆了。问题来了，老师究竟画的是什么，竟然让大家和章目都惊呆了？

## Q63 "三"的癖好

在很早以前，有个非常怪异的国王。

这个怪异的国王似乎对"三"有着一种特殊的癖好。无论是考虑国家大事，还是考虑生活小事时，他都要按照"三"这个数字去考虑。同时，他还要求他的臣民，在日常生活中也都要以"三"字为行动准则，如在外要三人同行、居室要三人同住，见人要握三次手等。

一次，这个国王在他的王宫里接见八名外国使者。为了表示友好，国王要请八名使者品尝他的厨师所做的新蛋糕。

不一会儿，蛋糕被端上来了。国王一见这个制作精美的蛋糕，“三”字瘾又发作了，于是便令厨师用三刀将蛋糕切成八块，请八名使者品尝。如果厨师做到了这一点，可以得到100枚金币，但是如果做不到这一点，可能就要被革职了。厨师思考了一下，便在蛋糕上切了三刀，把它分成了八块。你能说出厨师是怎么切的吗？

## Q64　说谎族与诚实族

在远方的一个岛国里，住着两个民族，一个是诚实族，一个是说谎族。顾名思义，说谎族在说话或回答问题时总是说谎话，而诚实族在说话或回答问题时总是说实话。但只凭眼睛观察，是不可能判断岛上居民的族别的。

有一次，足智多谋的张博士来到了这个岛上，他用问问题的办法搞清了他所遇到的三个岛民的族别。事情是这样的，张博士看见有三个人坐在一条长椅上晒太阳，他就向每个人提了一个问题。他先问坐在右边的人：“挨着你的人是什么族的？”回答是：“说谎族的”；他接着问中间的人：“坐在你两侧的两个人是同一族的吗？”回答是：“是的”；最后，他问左边的人：“中间的人是哪个族的？”回答是：“诚实族的”。请问这三个人各是什么族？

## Q65　寻找宝石

从前，在尼泊尔王国的王宫旁，有一座很大的清水湖，湖边长着一棵千年古树。

一天，国王在湖边散步，无意之中看到有一道晶亮的光线在湖中闪烁，仔细一看，原来是一颗宝石。于是，国王叫来随从，命令他们下湖去捞那颗宝石，整整一天过去了，宝石还是没有被捞上来。

国王得宝石心切，便召来大批百姓，命令他们将湖水排干，在湖底挖泥寻找，但仍然没有发现那颗宝石。没办法，国王只得命人把水放回湖中。奇怪的是，湖面平静后，那颗诱人的宝石又在原来的地方闪闪发光了。国王不死心，又叫人把湖水排干，然后亲自下湖底挖宝石去了。一天下来，国王累得腰酸背痛，可仍然没有挖到宝石。

这时，一位大臣向国王献计道："陛下，不是人人都称埃尔法聪明能干吗？您何不让他来找出宝石呢？"

国王听后，连声称妙，心想，就算找不到宝石，也可以在众人面前讥笑埃尔法一番，挫挫他的锐气。原来，心直口快的埃尔法让国王很是看不惯，正愁没有机会羞辱他呢。于是，国王召埃尔法进宫，命他三天之内找到宝石，否则就要当众宣称他无能。

聪明的埃尔法来到湖边，观察了片刻，便很容易地找到了那颗宝石。请问埃尔法是怎么找到那颗宝石的呢？

## Q66 警官的疏忽

1941 年的一天，一个来自南美的陌生人到了英国。据可靠情报，这个陌生人很可能是一名纳粹特务，是携带巨款来英国资助间谍活动的。

为确保万无一失，就在陌生人下船后的不久，苏格兰警方搞了一起车祸，使陌生人左臂被折断，住进了一家医院。

苏格兰警方的警官立即对陌生人所带的行李进行了仔细检查，发现他除了几件换洗衣服和几封圭亚那朋友写给他的信之外，就一无所有了。警官对此非常不解，他们认为这个陌生人要么是个极其狡猾的家伙，要么就不是纳粹特务。另外，警官还分析了此人可能采用的携款手段，其一是将巨款通过邮局寄给自己，但是战时不正常的邮递业务已经不支持他这样做了；其二是将巨款换成宝石，再将宝石放入自己身体内，但是 X 光透视也排除了这种可能。

两天过去了，陌生人经过医疗处理就要出院了，可是巨款还下落不明，整个苏格兰警方沉浸在焦急的气氛之中。

忽然，一名警官似乎是想起了什么，对他的同伴说："我们忽视了一种很明显的可能性，巨款可能……"你能说出苏格兰警方的警官忽视了什么吗？

## Q67　农民的妙计

古时候，一个农民因为交不起繁重的税金而被关进了监狱。这一天，农民在狱中收到了妻子的来信，信上写着：春天快到了，是时候种马铃薯了，可是我身体不好，不能翻地，真是愁死我了。

农民看罢，心里十分焦急。地如果不翻就不能下种，下不了种就长不出马铃薯，全家人吃什么过活呢？思来想去，最后农民想出了一个好主意，立即给妻子写了一封信，并让看守将信转给妻子。

两个星期后，农民又收到了妻子的一封来信，信中说："来了十几个人把地翻了一遍，现在已经种上了马铃薯，请你放心。"

农民看后，心里十分高兴，暗暗庆幸自己的妙计实现了。你知道农民做了什么吗？

## Q68 奇异的赛马

通常情况下，赛马都是以考验骑手的骑术和马的速度为目的的，最先跑到终点的马即为优胜者。然而，汤姆和吉米二人却要进行一场奇异的赛马。他们商定以1000米为竞赛路程，以最后到达终点的马为优胜者。

这一天风和日丽，汤姆和吉米各自牵着自己的马，来到了赛马场。发令枪响后，汤姆和吉米骑着各自的马，在跑道上展开了这场奇异的赛马。二人谁也不肯让自己的马快跑，两匹马在跑道上慢吞吞地挪动着，好像散步一样。到后来，两匹马干脆停了下来，站在离终点还有20米左右的地方不动了。

看到这种情形，全场的观众都非常着急。如果这种情形持续下去，这场奇异的赛马就无法分出胜负了，这时，一个聪明的观众替汤姆和吉米想出了一个办法。按照这个办法，汤姆和吉米立即改变了态度，打马飞奔起来。不一会儿，这场奇异的赛马就有了结果。你知道观众用了什么办法吗？

## Q69 神奇的遗产

林先生是一个很贫穷的人，住在一间非常简陋的小屋里，但是他很会画画，临摹的功力非常了得。他有个远亲，是个非常有钱的人。远亲无儿无女，也没有其他亲属，因此他立下遗嘱，死后要将他最值钱的东西留给林先生。

远亲去世后，律师按照遗嘱将这一东西送到了林先生家里。林先生看到这一价值连城的遗产后，又惊又喜，赶紧到处借钱买画框。

没过几天，林先生就画了好几张画，把所有的画装框，挂满了他那小而简陋的房间。那么问题来了，林先生为什么突然之间连画了好几张画，而且不惜借钱买画框呢？

## 逆向思维游戏总结

翻阅本章就会发现，这些精心设计的题目都考察着读者的逆向思维。逆向思维属于发散思维、求异思维。所谓逆向思维，是指和正向思维方向相反而又相互联系的思维过程，即我们通常所说的“反过来想”或“倒过来想一想”。它是分析和解决趣味问题的一种行之有效的、科学的创造性思维方式。利用逆向思维解题，常常能化难为易，删繁就简，使解题迅速而又准确，比如本章的“巧断悬案”和“牧羊人的疏忽”，都是典型的逆向思维题目。

逆向思维作为一种方法论，具有明显的工具性意义。从中国古代哲学家老子的“有无相生，难易相成，长短相较，高下相顷，音声相和”之哲学思辨中，能生发出很多具有可操作性的细则，比如方位逆向法、属性逆向法、因果逆向法及心理逆向法等。

其实在工作和生活中，处处潜藏着看似不可能的机变，妥善处理事情的关键是要掌握逆向思考的方法。如果我们将正、逆向思维融会贯通，既有利于培养思维的灵活性、广阔性和深刻性，又有利于开拓思路，活化知识，提高在工作和生活中的应变能力。

# 本章答案

## A1 威廉的笑话答案

威廉讲的故事就是他朋友讲过的那个故事，大家怎么能不笑呢？

## A2 中秋赏月猜字谜答案

这个字是“也”。

## A3 李秀才巧戏地主答案

李秀才是这样加标点的：此宅安，能居住；其人好，不伤悲。

## A4 急中生智答案

让两个孩子先把船划到对岸，一个孩子留在对岸，另一个划船回到战士这边，上岸。待第一名战士渡到对岸，留在对岸的孩子再把船划回来。两个孩子再把船划到对岸，一个仍留在对岸，另一个再回来，上岸，第二名战士渡到对岸，对岸的孩子再把船划回来。这样，两名战士都过了河，两个孩子也可以继续划船了。

## A5 生命不能承受之轻答案

不能过桥。因为要抛掷铁球，必须对铁球加一个作用力，铁球对抛球的人又产生一个反作用力，这时候桥受的力就超过了一个人再加一只铁球的重量。另外，下落的球在落到手上的一刹那，由于有一个下落加速度，也超过了原来的重量。所以杂技演员不能安全过桥。

## A6 牧羊人的疏忽答案

因为羊根本就没拴在木桩上，所以可以自由地吃这堆草。一提到羊头上套着绳子，人们就会习惯地认为羊被拴在树上或木桩上。只有打破这种惯有思维，才能使大脑更加灵活。

## A7 巧断悬案答案

县官在宝葫芦上涂了一层墨。没偷东西的那两个人满手是墨，说明他们不怕宝葫芦辨认，去摸了。只有一个人因做贼心虚不敢去摸，双手干干净净。

## A8 评酒趣话答案

酒商装成失手将酒瓶跌碎。醇香四溢的中国酒却引起了评酒人员的注意，夺得了金奖。在这里，机智的酒商克服了“打碎酒瓶一定是损失和失误”的认知固着和“评酒必须通过品杯中之酒”的思维定式。

## A9 几桶水答案

巧儿这样回答：“要看是怎样的桶。如果桶和水池一样大，那就是一桶水。如果桶只有水池一半大，那就是两桶水；如果桶只有水池的三分之一大，那就是三桶水；如果……”

## A10 巧取卡片答案

可以用一只手提起卡片，执住一角，另一只手握着拳用力重击桌面，趁杯子向上腾空的一刹那，就可以轻易地把卡片抽出来了。也可以不击桌面，把杯子移到桌边，用手快速抽动卡片，这样杯子也不会动。

## A11 机智过桥答案

看到题目可能有一些蒙，但细细想来，南来、北往其实是同一方向，即从南来，往北去，都是向北去。

## A12 父亲与儿子答案

两位父亲和两个儿子实际上是祖父、父亲和儿子的关系。祖父给自己的儿子（父亲）1000 元，父亲又从中拿出 500 元给儿子。因此，两个儿子的钱加起来只有 1000 元。值得注意的是，在看到题目时，人们往往会想到四个人，这便是题目的圈套。实际上，现实生活中，双重角色或关系是常有的。明白这一点，就不会被这些简单的陷阱迷惑了。

### A13　巧识金杯真伪答案

先把杯分成三堆，每堆9个。任意取两堆放在天平的两端。如果两端中有银杯，天平就会有所倾斜，因为有银杯的一端较轻；如果天平平衡，那么银杯一定是在没有放到天平上的那一堆中，这样称一次即可确定银杯在哪一堆中。

再把有银杯的一堆分成三堆，每堆3个，依照第一次的做法，便可以确定银杯是在哪堆之中。

然后从这3个杯子中任取2个放在天平两端，如果重量一样，银杯就是没放上天平的那只；如果天平有倾斜，银杯就是较轻的那个。

### A14　数手指答案

数到1990时，应该落在无名指上。

以小指来说明，在来回数数的过程中，小指所数的数分别为：5、13、21、29……仔细观察就会发现，这是一个等差数列，其公差为8。因此可知，经过249次来回数后，小指应该数的数为1989，所以数到1990时，应该落在无名指上。

### A15　三个小伙的衬衣答案

姓黄的小伙穿蓝衬衣，姓蓝的小伙穿白衬衣，姓白的小伙穿黄衬衣。因为题中已经暗示，白衬衣的小伙和姓黄的小伙不是一个人，所以姓黄的小伙只能穿蓝衬衣，那么姓蓝的小伙一定是穿白衬衣、姓白的小伙一定是穿黄衬衣。

### A16　被嘲笑的国王答案

根据题目描述，这个国王显然不是现实中的人，没错，他就是国际象棋中的“国王”。

### A17　鱼是否少了答案

鱼没有少。只不过物体的重力是由地球对物体的引力产生的。地球对同一物体的引力是变化的，物体离地心的距离越近，引力就越大；离地心越远，引力就越小。据科学统计，同一物体在两极附近的重力要比在赤道附近大 0.53%，这是因为赤道距地心最远。在南北极重 1 公斤的物体，在赤道重 0.9947 公斤。同时，物体的重量还受地球自转速度的影响。南北极受地球自转的影响最小，引力最大；赤道受地球自转的影响最大，引力最小。因此，5000 吨鱼从北极附近的冰岛运到赤道附近的赤道几内亚，重量就会减少 19 吨。但鱼的数量并没有减少。

### A18　机智过铁桥答案

当看守打瞌睡的时候，他立刻过桥，当快到两分钟的时候，立刻转身朝着出发的方向，装着前进的样子。看守睡足两分钟醒来时，认为他是从桥那边过来的，强迫他转过身去，于是他可以安然过桥了。

### A19　巧离险境答案

借助水的浮力。一个人先攀上软梯，另一个人等到水齐到脖子时再开始攀登。攀登的速度与水涨的速度相等，使水的高度始终在人的脖子，借助水的浮力，人在水中的重量就有所减轻，这样软梯就可以负担两个人的重量了。

### A20　忘性草答案

商贩忘了付店钱。

### A21　法官巧断宝石案答案

法官对富商说："你丢了钱和宝石，而这钱包里却只有钱。很明显，这钱包不是你的。再等等吧！也许有谁找到会还给你的。"法官又对船员说："这钱包先放在你那儿，两个月后，如果失主没有来找的话，这钱便归你所有。"

### A22　小水池水位的变化答案

池水水位会下降。因为石块比水的比重大。在石块没有抛出时，整个船体（包括石块）的重量大，船体沉入水的部分多，排开的水量多，水位会上升。当石块抛出后，船体变轻了，周围的水马上补充了原来船体多占去的那一部分空间，而使水位下降。当然石块抛出后，石块也将占据空间，使水位上升。但是由于比重的不同，水位还是下降多于上升。

**A23　邮票被盗答案**

邮票藏在开着的电风扇中，窃贼把邮票贴在扇叶上，叶片的转动干扰了侦查员艾米丽的视线，所以艾米丽无法找到邮票。

**A24　橘子堆上的纸条答案**

第一次去掉“此地”两个字，纸条就变成了“出卖橘子”，第二次去掉“橘子”两个字，纸条就变成了“出卖”；第三次去掉“出”字，最后只留下一个“卖”字。

**A25　巧过独木桥答案**

小学生和对面来的那个孩子都坐在农民挑的两只空箩筐中。农民挑起来一转圈，两个小孩就换了位置。于是，大家都顺利地通过狭窄的独木桥了。

**A26　取服装的哑谜答案**

取服装的时间是周末。因为“春秋时期”是我国历史上周王朝的末年。“口”又是周字的末尾，因此两条谜语都是周末的意思。

**A27　财主的算盘打错了答案**

空气是有重量的，每立方米的空气重1.293公斤，100立方米空气重129公斤。如果按照体积算，只要1000个铜钱就够了，而按重量算，却要1290个铜钱，财主自以为聪明，其实是失算了。

**A28　巧辨名画真伪答案**

两幅古画中，后者是真本，前者是假的。因为马在吃草时会闭上眼睛，这是为了避免杂草茎叶刺伤眼睛。古画的作者既然非常熟悉马的生活习性，作画时不会注意不到这一点。

**A29　聪明的鲍西亚答案**

因为借约上只写明了要一磅肉，没有允许夏洛克取安东尼奥的一滴血。

所以鲍西亚提出：安东尼奥必须让夏洛克的刀子刺进胸膛割取一磅肉。但是，夏洛克在割肉时不能让安东尼奥流一滴血，也不能割得超过或不足一磅的重量。否则就要夏洛克抵命，并将其财产一半充公，一半给受害者安东尼奥。

### A30　谁没有关闭路灯答案

露西是最后一个回来的。因为从她们的话中我们可以分别推断出：露西比米莉晚，米莉比丽萨晚，丽萨比缇娜晚。露西既然比其他人都晚回来，那么她肯定是最后一个回宿舍的。

### A31　谁是凶手答案

磬不敲自响是因为“共振”。物体每秒钟震动的次数叫“频率”。如果两个物体振动频率一样，一个物体振动时，另一个物体也会同时产生振动，发出的响声是由共振而引起的“共鸣”。庙内钟与磬的频率恰好相同，因此老和尚房里的磬在钟响时便产生了共鸣。其师兄把磬锉了几处后，改变了磬的振动频率，以后便不会和钟共振了。

### A32　如何取出小铁球答案

这位小朋友往洞里撒了些沙子。因为沙子从小铁球四周的空隙处往下漏，小朋友不断拨动小铁球，因此沙子逐渐把小洞填满，小铁球也就跟着升上来了。

### A33　谎报偷盗案答案

艾克根据墙上还在走着的旧挂钟，断定报案者在说谎。因为挂钟不可能在上弦后连续走一个月。

### A34　天使赌输赢答案

拉斐尔喝水时，海水正在涨潮；而加百列喝水时，海水已经退潮了。

### A35　智擒偷衣贼答案

这两个偷衣贼害怕第二天的全城大搜查，急于转移赃物。但是赃物很多，转移困难，于是就把衣服穿在身上，用这个方法把赃物转移到别的地方去，所以才再三进出城门。王巡抚掌握了罪犯的心理状态，采取了声东击西的策略，终于抓到了偷衣贼。

### A36　如何知道正确时间答案

知道时间的方法有很多种，比如利用收音机、电视机、电话报时台等。最正确、最迅速的方法是利用电话报时台。

### A37　有多少条金鱼答案

在镜子中看见的物体都是与原物体左右相反的。数字中，除“0”外，只有“1”和“8”在镜中看来仍然是正常的数字“1”和“8”，因此可以知道金鱼和热带鱼的乘积一定是81，因为“81”在镜中反映出来的是18，这样金鱼数与热带鱼数才能相等，各是9条。因此金鱼与热带鱼共有18条。

### A38　王秀才借衣相亲答案

王秀才走了又回来，是因为突然悟出了张秀才讲的“正月没有初一”这句话是一则字谜，而这字谜的谜底是“肯”。

### A39　成语哑谜答案

这三个成语哑谜的谜底是：锋芒所向；声东击西；一刀两断。

### A40　跷跷板怎样倾斜答案

跷跷板最终会呈水平平衡状态。因为夏日气温高，冰块很快会融化。冰块开始融化时，跷跷板会向放篮球的一方倾斜，但当篮球因为倾斜面滚落跷跷板时，跷跷板将会向未融化的冰块一方倾斜。直到冰块全部融化后，跷跷板上已经没有东西了，便会维持水平平衡状态。

### A41　秀才的字谜答案

两个谜底都是“日”字。

### A42　诸葛恪添字得驴答案

诸葛恪添的两个字是“之驴”。

### A43　修女伪装骗院长答案

法军没有入侵前的床位摆设方式如下：

| | | | |
|---|---|---|---|
| | 1 | 5 | 1 |
| 3楼： | 5 | | 5 |
| | 1 | 5 | 1 |

| | | | |
|---|---|---|---|
| | 1 | 2 | 1 |
| 2楼： | 2 | | 2 |
| | 1 | 2 | 1 |

9 名修女失踪后的床位摆设方式改为：

| | | | |
|---|---|---|---|
| | 3 | 2 | 3 |
| 3楼： | 1 | | 1 |
| | 4 | 1 | 3 |

| | | | |
|---|---|---|---|
| | 1 | 1 | 1 |
| 2楼： | 1 | | 2 |
| | 1 | 1 | 1 |

无论在事件前后，3 楼人数都是 2 楼人数的两倍，而且 4 个面的人数皆为 11，每个房间至少 1 人。因此，原先的修女为 36 人，9 人失踪后仅为 27 人。

### A44 鸡鸭鱼肉答案

原来，老先生在写那份契约时，没有点标点。县官看到这一契约，立即读为："无鸡，鸭也可；无鱼，肉也可；唯青菜豆腐不可；少不得学费。"于是财主便输了这场官司，吝啬的财主听了县官所读的契约，只好认输了。

### A45 三个脸被涂黑的人答案

杰克根据埃米和汤普森的笑，推知自己的脸蛋也同样被涂上了炭黑。杰克是这样考虑的：我们每个人都认为自己的脸上是干净的，埃米就认为自己的脸上是干净的，而笑汤普森脸蛋被涂上了炭黑。但是，如果埃米看到我的脸是干净的，那么他对汤普森的笑就会感到奇怪，因为在这种情况下，汤普森没有笑的理由。然而，现在埃米没有感到奇怪，这就说明埃米认为汤普森在笑我。由此可见，我的脸上也被涂上了炭黑。

### A46　老渔翁的妙答答案

老渔翁答道："这条小金鱼奇就奇在它是条两性鱼，既是雄性也是雌性。"国王听后，再也想不出来其他抵赖的方法了，只好赐予老渔翁一万块金币。

### A47　机智的女特工答案

在不知所措之时，洛洛看到了那几辆与自己朝同一方向行驶的大货车，于是她便驾车跟在大货车的后面，并躲在大货车的影子里前进，这样一来，既晒不到太阳，又按时到达了目的地。

### A48　声势浩大的示威答案

原来，工人在示威时，将队伍排成了圆形，而没有排成直线形。这样一来，王明明在示威队伍里就成了前面 8 个人，后面 8 个人了。

### A49　半条红肠答案

原来，算命的人交给小饭馆代炒的四条红肠的两头都是圆角状的。四条红肠切开之后，应该有 8 个圆角片，可算命的只吃到了 7 个圆角片。因此，算命的人断定老板克扣了他半条红肠。

### A50　作家的妙招答案

张小离的妙招很简单，她在抽明信片时，将抽中的明信片用剪刀剪去一角，作为记号，这样就不会混进没抽中的明信片了。

### A51　不问自明答案

设想该电影院不对号入座的电影票是 13 欧元，对号入座的电影票是 18 欧元。当张先生拿出两张 10 欧元的钞票递进售票口时，售票员当然不知道张先生是买对号票还是买不对号票。但同样是 20 欧元，后者拿出的却是一张 10 欧元，两张 5 欧元的钞票，售票员当然会想到他是要买对号票的。因为若买不对号票，那人只需要拿出一张 10 欧元和一张 5 欧元的钞票就可以了。

### A52　辞退仆人答案

仆人姆米曾对梅丽璐说："昨晚我做了一个梦……"说明姆米昨晚并没有巡船防盗，而是在睡觉，这无疑是一种严重的失职行为，再有，姆米把由气象分析得出的结论，说成是神的旨意，无疑又是一种对主人故意撒谎的行为，这就是梅丽璐辞退仆人姆米的两个原因。

## A53 英国逃亡故事答案

原来大房子里正在举行化装舞会，跳舞的人们把身穿囚服的逃犯当成了来参加舞会的人，并认为身穿囚服是最出色的化装，于是大家才以热烈的掌声赞美这种化装，并对来人表示热烈的欢迎。

## A54 损失知多少答案

表店老板共损失了10000元。这个问题表面上看起来比较复杂，但实际上很简单。因为这一事件中只存在三种情况，即那位绅士白白得利；表店老板吃亏上当；文具店老板没有获利也没有损失。绅士利用假钞换得一块7000元的表和3000元真钞，白白得利10000元；而表店老板连表带真钞共损失了10000元；文具店老板要回了被假钞换走的10000元，无利也无失。

## A55 指纹的秘密答案

那个女子在手指上涂了透明的指甲油，这样一来，透明指甲油盖住了指纹，当她用手拿酒杯时，也就不会在酒杯上留下指纹了。

## A56 破瓶送礼答案

原来，用人将瓷瓶碎片一片片地用纸包装后，装进了木箱。那位朋友打开后，见到的是分别包装的瓷瓶碎片。

## A57 选择理发店答案

丽香知道每位理发师都得由其他理发师为自己理发，而在这个小镇上只有两位理发师，因此他们只能互相理发。于是，丽香断定第二家理发店的理发师之所以头发整整齐齐，全是靠第一家理发师的手艺；而第一家理发师那不整齐的头发，却是第二家理发师的手艺。于是，丽香选择了第一家理发店。

## A58 逃去无踪答案

警方之所以得出这个结论，是因为普通人从21楼跑到1楼至少需要两分钟，而劫匪却在一分钟之内逃走了，说明劫匪是借用了楼内的电梯逃走的。而值班员却说楼内停电，这就可以断定是值班员将楼内照明的电闸切断了，而只保留了电梯的电闸未断，使劫匪作案后可以乘电梯到一楼逃走。

### A59　两全其美答案

经理在旅馆内贴出一张海报，上面写道："本店后面有片空地，宽阔幽静，专门留作种植纪念树之用。如果您有兴趣，不妨亲手种下一株小树，本店将派人为您拍照留念，并立下木牌，刻上您的姓名和种树日期。当您再度光临时，便可以看到您亲手种下的小树已经枝繁叶茂。种植过程中，本店会给您提供各种方便，而且只收取树苗费2000日元。"海报一贴出，许多人争相种上了结婚纪念树、毕业纪念树、旅行纪念树等。没过多久，那片荒地就种满了树木。从此，客人便可以在树林中散步活动了。而经理却没花一分钱。另外，已经种过纪念树的人会经常来此看望自己种下的树，而没来种过树的人又都慕名而来种树，这又使旅馆迎来了更多的客人，真乃两全其美。

### A60　特制电话答案

史密斯先生的双耳已经聋了，尽管朋友为他安装了特制电话，有人来电话时，指示灯会亮起通知他，但是当他拿起话筒时，仍然听不到对方在说什么。因此，这部电话并没有解除史密斯先生的苦恼。

### A61　越狱之谜答案

常某用来锯断铁栏杆的锯条是由鸽子送进牢房的，在被关期间，常某每天将饭粒撒在窗台上，而他的妻子则把家养的鸽子在监狱外放飞，鸽子发现饭粒，会立即飞到常某牢房的窗台上。这样反复几次以后，鸽子就记住了牢房的位置，常某的妻子再将锯条绑在鸽子脚上，这样鸽子便将锯条送进了常某的牢房。

### A62　师生比画答案

原来老师画的就是一条毛巾，大家竟然把这条毛巾看成是盖在画上的毛巾了。

### A63　“三”的癖好答案

厨师先在蛋糕上环切了一刀，然后在蛋糕上横切了一刀，最后又在蛋糕上竖切了一刀，这样一来，就用三刀把蛋糕切成了八块。

### A64　说谎族与诚实族答案

中间的人是说谎族的，左边的人也是说谎族的，而右边的人则是诚实族的。对同样一个问题，左边的人和右边的人回答却不相同，可见他们必然不是一个族的，而中间的人却说他们是同一族的，所以中间的人是说谎族的。知道了中间的人的族别，再根据两侧两个人的回答，很容易判别左边的人也是说谎族的，右边的人是诚实族的。

### A65　寻找宝石答案

原来，那颗宝石是前不久由一只大鸟衔到湖边古树的树杈上的，湖里的宝石只不过是树杈上那颗宝石的倒影，埃尔法在湖边观察时发现了这一情况，便把宝石从树上取了下来。

### A66　警官的疏忽答案

警官忽视了陌生人行李中的那几封从圭亚那寄来的信，在当时，从南美寄来的邮票是一种稀有邮票，每枚价值数千甚至上万英镑，纳粹特务所携带的巨款就是这些贴在信封上的邮票。

### A67　农民的妙计答案

农民知道看守要对犯人的来往信件一一拆开检查，于是他给妻子的信中写道：“不要翻地，地内埋有一坛金子。”看守看到这封信后，贪那坛金子心切，便来到农民家的那片土地，将土地翻了一遍。他们连金子的影子也没看见，才知道上了当，但又不能发作，只好心里叫苦了。这样一来，农民家的地翻好了，妻子毫不费力地种上了马铃薯。

### A68　奇异的赛马答案

那位观众想出的办法是：汤姆和吉米互换坐骑，两人曾商定以最后到达终点的马为优胜者，并没有对骑手有什么要求。互换坐骑以后，每人所骑的马就都不是自己的马了。两人打马飞向终点，如果汤姆所骑的马先到终点，那么汤姆的马（由吉米所骑）就合乎了两人所定的优胜条件，从而获胜。如果吉米所骑的马先到终点，则吉米的马（由汤姆所骑）就合乎了两人所定的优胜条件，从而获胜。

### A69　神奇的遗产答案

林先生所得到的遗产是一张十分珍贵的世界名画，他之所以突然间连画了好多画，并且不惜借钱给他所画的画装框，就是为了用他所画的画把那张名画伪装起来（因为他家安全设施不完备，存放名画不安全）。这样一来，即便有小偷，也很难辨别真伪。

/ 第四章 /

# 推理要在晚餐后
# ——侦探推理游戏

推理是一项非常重要的思维能力，而如今流行的侦探游戏则是最好的练习方式。像福尔摩斯一样缜密思考，在短时间内找到答案，能够有效提升逻辑思考能力。

## Q1 子弹藏在何处

素有“杀人女魔”之称的米沙小姐，是位高水平的神枪手，世界各国的秘密组织都想以高薪聘请她来为自己工作。

不过，与其他杀手不同的是，米沙小姐从来都不自己携带杀人用的手枪，而是由别人代她携带，她自己只随身携带一颗子弹，等到了杀人现场，代她携枪的人才将手枪交给她，这也许是为了路上安全吧。

这天一大早，英国上下一阵骚动，因为根据国际刑警组织的报告，这位“杀人女魔”今天要光顾这个国家，为这个国家的秘密组织除掉他们的仇人。

米沙小姐乘坐的班机还没到达机场时，机场内外就布满了英国的保安人员。飞机已到，米沙小姐风度翩翩地走了下来，随身只带了一个小提包。

保安人员走上前来，将米沙小姐请到一间办公室，对她随身携带的提包进行了检查，发现里面除了日用必需品以外，没有任何东西。这可急坏了保安人员。因为按照米沙小姐的习惯，她今天会随身携带一颗子弹的，这颗子弹到底被放在什么地方了？

看着米沙小姐随身携带的物品，一位保安人员恍然大悟，指出了米沙小姐随身携带的那颗子弹的所在之处。

你知道米沙小姐把子弹放在何处吗？

## Q2　一弹中要害

这是一起发生在日光灯尚未普及时的凶杀案。

一天晚上，女间谍 S 小姐外出回家，径直走向卧室，按了一下门旁边的电灯开关，但是灯却没有亮。她觉得很奇怪，好好的电灯怎么会不亮呢？

于是，她准备好好检查一下电灯。S 小姐卧室里的电灯是由天花板垂吊下来的白炽灯。检查后她发现，原来灯泡没有拧紧。她转动灯泡，把它紧紧地拧到灯座上，电灯亮了。但是，就在这一刹那，她却遭到了袭击，一颗子弹结束了她的生命。

凶手是从距离 S 小姐卧室三十米外的对面大楼里向 S 小姐射击的，但是卧室的窗户挂着一层厚厚的窗帘，即使打开电灯，她的身影也不会映在窗口上。那么凶手是如何在不知道 S 小姐位置的情况下，用一颗子弹结束她生命的呢？

## Q3　比尔先生的侦探术

比尔先生是保险公司的业务员，他专门负责顾客理赔的调查工作。比尔先生年轻有为，聪明灵活，破获过好几起保险金诈骗案，获得了“业余侦探”的雅号。

一天，已经破产的大商人迈克先生被人暗杀于一座大桥上，迈克先生生前是办了巨额人身保险的。

比尔先生受命去调查这件事，看看迈克先生究竟是自杀还是他杀。

据调查，迈克先生最近生意失败，负债累累，他会不会因此自杀，而伪装成他杀，以便给家中留下巨额的保险金呢？

迈克先生的尸体是警方在一座桥上发现的，他头部中了一弹，由于周围没有发现武器，也没有其他任何自杀迹象，所以警察的结论是：“被害者在现场，可能因遇到强盗或者仇人而被枪杀。”

可是，作为保险公司负责调查此事的代表，比尔先生对此结论表示怀疑。

如果迈克先生是自杀，开枪后死亡，哪有时间藏起手枪呢？难道有人暗中帮忙吗？

比尔先生站在迈克先生身亡的现场，这是一座并不是很大的桥，桥下响着流水声。

“迈克先生为什么要在桥上自杀呢？”比尔先生自言自语道。此时，他脑中闪过一道亮光，终于找到了答案。你知道答案是什么吗？

## Q4　黄狗身上的卷毛

警探爱伦刚从海边度假回来，就接到上级的命令，要他去侦破一件凶杀案。

案子发生在边境的一个小村子里。上个月，有对农场夫妇在自己的牛奶房里被人杀害了；半个月前，又有一位中年人在河边被人推到河里淹死了；上个星期，又有一位老太太被人杀害。

这些案子都有一个共同特征：在案子发生时，都有人听到狗叫声。最近的一个案子发生在银匠家，不过，这次凶手没有得逞。银匠比尔在晚上发现有一个身影蹿进他那幢在山边的房子。银匠胆大，操起铁榔头跟在黑影身后，突然举起榔头就向那人砸去。结果就在这一刹那，黑影见势不妙，从后门溜了，跟在黑影后面的是一条发出叫声的黄狗。爱伦探长问银匠："那天晚上，你看清楚凶手的脸了吗？""没有，因为房子里非常黑。""如果那天晚上的黄狗在眼前，你还能认出来吗？""不能肯定，但我可以试试。"探长把附近几个村子所有的黄狗都送来给银匠辨认。每条黄狗都不同，又都很像。要从几百条狗中辨认出一条只见过一次的狗，显然是很困难的。但银匠比尔指着其中的一条说："像是这一条，我记得它背上的毛比较卷曲。"探长跋涉了几十里山路，试着去查访那条狗的主人——木匠萨那。萨那是个行为放纵的人，在村里是出了名的。但是光凭这些，就能断定他是凶手吗？而且，萨那否认自己的狗出过村子。探长又回到银匠家里，对银匠说："其实你就是凶手！"你知道探长是从什么地方发现比尔是凶手的吗？

## Q5　芭蕾舞演员的高招

一天清晨，侦探卢克斯正在吃早餐。

他的妻子拿着当天的晨报，急匆匆地走进来说："昨天晚上，大银行家菲利浦的夫人被杀了。"

卢克斯接过报纸，仔细地看着。这条消息的内容大致如下：

今日凌晨，在银行家菲利浦别墅的网球场发现了菲利浦夫人的尸体。凶手是在离她约一米远的地方开的枪。死亡时间是昨天晚上8点至9点之间。因为昨天上午下过雨，网球场地面又湿又滑。被害人和凶手的脚印都清晰可见。她们穿的都是高跟鞋，凶手留下了一串走出现场的高跟鞋印。经检查，死因是他杀。但凶手进入现场的痕迹尚未发现。

据悉，有关部门已逮捕了一个名叫派翠西亚的重大嫌疑犯，她是银行家菲利浦的情妇，原来是国家芭蕾舞团的舞蹈演员。有关部门怀疑派翠西亚是凶手的根据是在被害人菲利浦夫人卧室的电话机旁，留有一张字条，上面写着："晚上8点和派翠西亚约在网球场见面。"

派翠西亚对警察的调查采取了沉默的态度。警方怀疑凶手是踩着进入现场时的脚印逃走的，可是，也有人认为，要踏在来时的脚印上走而丝毫不露痕迹是不可能的。因此，目前还不能完全肯定派翠西亚是凶手。

卢克斯看完这段报道后，说："派翠西亚的占有欲很强，很可能就是她干的。"卢克斯夫妇和派翠西亚很熟，了解她的性格。

卢克斯的妻子说："那天下过雨，凶手大概是在下雨之前或者下雨时来到网球场的，当时高跟鞋印早被雨水冲掉了。"

"不会，下雨的时候是上午，而作案时间是晚上8点以后，派翠西亚和菲利浦夫人通过电话，约好晚上8点在网球场相见。派翠西亚绝不会在一大早就来到球场，一直在那里等到晚上8点，这毫无必要。"说完卢克斯深思起来。

妻子见丈夫这样，知道他是在思考问题，就穿上芭蕾舞鞋开始练功。卢克斯的妻子也是个芭蕾舞演员。

芭蕾舞鞋落地时的“嗒嗒”声逐渐吸引了卢克斯的注意。他突然大声地笑了起来:“哈哈，原来是这样！”

随后，他抓起电话把他的发现告诉了警察局。警察局马上重新审问了派翠西亚，这次她终于承认了犯罪的事实。

卢克斯到底发现了什么?

## Q6 花瓶与少女

一天，一位少女神情忧郁地找到谢尔顿探长，说有件非常棘手的事情请求他的帮助。原来少女父母双亡，留下一份颇丰的遗产，其中最有价值的是一只来自中国宋朝的瓷花瓶。

不料，她的叔叔看中了这只花瓶，称愿花 1 万元买下来。因为是父母的遗物，她没有同意。

后来叔叔说，要她把花瓶借给他一下，让他从各个角度把花瓶拍下来，以便随时可以观赏。少女只好把花瓶借给了他。

第二天，少女去叔叔家取花瓶时，叔叔却拉下脸，说他昨天已经把1万元给她了，并说当时有女佣在场，可以做证。

探长很同情少女的遭遇，就接受了她的请求，他对少女说："现在你陪我去见你叔叔。"

到了她叔叔家，叔叔指着那只花瓶对探长说："这是我花了1万元从她手里买下来的。真奇怪，我明明是从皮夹里拿钱给她的，她怎么说我没有给她呢？好在我的女佣在场，她可以做证。""是的"，站在一旁的女佣接口说："我亲眼所见，每张面值都是100元。"

探长沉思片刻，又问女佣："你确确实实看清了吗？""是的，我确实看得一清二楚。"一听到女佣斩钉截铁的回答，探长冷冷地对少女的叔叔说："姑娘说得对，你根本没有给她钱。如你还坚持的话，咱们就上法庭，我可以出示证据。"

叔叔一听要上法庭，乖乖地把花瓶还给了少女。请问：谢尔顿探长是怎么识破少女叔叔的谎言的？

## Q7　西部牛仔

农场主乔治虽然已经年过半百，但他好像永远也不知疲倦。他时常喜欢牵着马，一个人到他的烟草和小麦地去转转，看看地里的农作物长势如何。

一天，当太阳缓缓沉入地平线时，他忽然想到自己晚上还有个约会，赶紧跳上马，向镇上飞奔而去。

因为时间紧迫，他只能抄近道，可是这条路很少有人走，所以路上长满了荆棘。当他来到一座小山丘时，看见一个牛仔被绑在一棵枯树上。他赶紧跳下马，走了过去。

走近时他才发现，这个牛仔已经停止了呼吸。他的嘴巴被一团棉花塞住，脖子上被生牛皮绳缠了三道。乔治赶紧从腰里拔出短刀，割断牛皮绳，把牛仔放在地上。看来，牛仔是被牛皮绳勒死的。

乔治赶紧把牛仔送到镇上的保安事务所。经过法医检验后发现，牛仔是在当天下午 4 点左右遇害的。

第二天，保安官就抓到一个嫌疑犯。他是个盗牛贼，但是他死活都不肯承认谋害了牛仔。他说当天下午 4 点左右，他正在小镇上，怎么可能把十几公里外的牛仔勒死呢？

“你 4 点钟在小镇上？有谁能证明？”保安官问。

盗牛贼说出了好几个人的名字。保安官到镇上去问了这几个人，果然，他们都证明盗牛贼从那天中午一直到牛仔的尸体被发现的这段时间里，始终没有离开过小镇。

保安官看没有证据，只好将他放了。

那么，真正的凶手是谁呢？保安官观察了好几天，也没有理出个头绪。他只好去请教乔治。要知道乔治不仅是个好的农场主，而且是个料事如神的业余侦探，许多保安官无法侦破的案子，他都能找出凶犯。

这天，乔治正在给马喂草，那根勒牛仔的绳子还在地上，在烈日的照耀下，变得比以前短了许多。

乔治看到保安官来了，马上说：“你是为上次那件牛仔案子来的吧？其实我已经帮你找到凶手了，那个盗牛贼就是凶手。”

乔治为什么这么说呢？盗牛贼不是有不在场的证据吗？

## Q8 山林里的罪犯

黑峡谷里有一大片山林，现在成为一处远近闻名的打猎场所。

这天，大侦探威廉去森林里打猎。他刚在林中空地的帐篷中用完晚餐，有个人气喘吁吁地跑过来大叫道："威廉先生，我的朋友贾斯丁被人杀死了。"

"小伙子，你叫什么名字？"威廉不动声色地问这个报案者。

"我叫沃尔特，一小时前，我和贾斯丁正准备喝咖啡，树林里突然钻出两个人，我们以为他们也是猎手，正想邀请他们和我们一起喝咖啡，谁知道他们大白天就抢劫我们。"

威廉拍拍沃尔特的肩膀，表示要和他一起去那里看看。沃尔特继续说："贾斯丁看到他们来抢我们的东西，就扑上去和他们拼命，没想到被他们用枪击中头部。他们把我们绑在岩石上，抢了钱就逃走了。我在岩石上蹭了很久才磨断绳索，当我解开贾斯丁时，发现他已经死了，我想到您在这儿露营，就赶紧过来找您了。"

他们走了差不多一个小时，终于到了露营地。

威廉看到高大的贾斯丁躺在快要熄灭的火堆旁边，两条绳子散乱地扔在他的脚下，两条睡袋和两个帆布包也丢在地上。在一块平坦的大石头上，摆着两副杯碟和刀叉，杯中干净无物。

威廉仔细检查了死尸后心想：正如沃尔特所说，贾斯丁是死于一小时前，死因是被钝器击碎颅骨。

他的目光又转到火堆上，只见火堆上的黑色咖啡壶忽然发出"吆吆"的声响，刚刚滚沸的香喷喷的咖啡溢了出来，滴落在粗大的还没烧完的炭木上。

威廉突然掏出手枪对准沃尔特，说："看来你还不是个作案的老手。"

这究竟是怎么回事呢？凶手真的是沃尔特吗？

## Q9 谍报员之死

一个谍报头目得知他手下的瑞米已经暗中投敌，奉上级命令，他必须除掉瑞米。谍报头目假装要瑞米去送一份情报，约他在某小酒店和自己会面。

谍报头目比瑞米先来到小酒店。

过了一会儿，瑞米也来了，他把情报送交给谍报头目，并从他那儿领到了一份酬金。谍报头目为他倒了一杯酒，并放入一块冰，说：“来吧，为你弄到了刚才那份情报干杯！”

瑞米心存戒备，不敢去接杯子。谍报头目知道他的意思，便坦然地拿起酒杯，自己先喝了一口，再递给瑞米。

瑞米这才放心地喝了起来。几分钟后，瑞米死了，可是他的头目却没有一点儿事。请问瑞米是怎么死的呢？

# Q10　无名氏老人的判断

有一位无名氏老人，最爱在一家小咖啡馆喝咖啡。他除了爱坐在软椅上喝咖啡和牛奶外，还爱听别人讲述一些新近发生的离奇案件。老人听着别人的叙述，不时地插问几句，他略一思索，便能一语道破案件的真相。他这种惊人的推理和判断力，常常让警察惭愧不已。

一天夜里，有个小偷潜入了无名氏老人常去的这家咖啡馆，从收款机内偷走了200英镑纸币。但小偷并不走运，他逃出店门十多米远，就碰上了一位巡逻警官，警官看他形迹可疑，就抓住了他。正在这时，咖啡馆老板来报案，这样就使警察更加怀疑小偷了。可他把小偷全身上下搜了一遍，不要说200英镑，连一个小硬币都没有。

由于证据不足，警官不得不释放了他。

第二天，无名氏老人又来咖啡馆喝咖啡，见到一位女记者在采访咖啡馆老板，向他询问昨晚失窃的事。

女记者问："昨天失窃了多少钱呢？"咖啡馆老板答道："整整有200英镑呢！"老人插嘴问了一句："都是纸币吗？"老板说："对的，都是纸币，因为小偷来不及拿硬币。"

女记者又问："是警官抓住的那个家伙偷的吗？"老板说："我看挺像的，但是我却没有证据，唉，看来只能自认倒霉了。"

老人这时正抬头往窗外看，窗外有一对情人正在说着悄悄话。那女孩倚在树上，男孩倚在树下的绿色邮筒上，他们边说边笑，很是甜蜜。

老人仿佛受到这一对情侣的感染，脸上露出了快乐的笑容。接着他转过头对记者说："如果你想得到头条新闻，我建议这一两天你就紧紧盯住那个被警官逮住的家伙的家，你会揭开谜底的。"

老板一听此话，满脸的愁容一扫而光，果然，两天之后，记者拿着刚出版的报纸来到咖啡馆，对无名氏老人说："小偷的脑瓜真灵。"请想一想，无名氏老人是通过什么线索，识破了小偷的诡计呢?

## Q11 赎金不翼而飞

亿万富翁的儿子被绑架。

绑匪给富翁寄来了一封恐吓信："如果你想让儿子平安归来，请照下述指令去做。在旅行袋内装上 50 万美元，让你的司机于明晚 12 时，在梧桐公园纪念像旁边挖一个坑，将钱深埋入地下。这样的话，你的儿子很快就会平安归来。"

"这下糟了！这下糟了！"富翁顿时六神无主。"还是报警吧。"富翁的太太说。警方立即让马恩探长赶到富翁家。"你们就按照绑匪的要求去做，人质安全最重要！"马恩探长说。

第二天晚上，富翁的司机拿上装有现金的旅行袋，来到梧桐公园。公园里有许多很高大的梧桐树，茂密的树叶遮天蔽日。在纪念像旁边，司机挖了一个很深的坑，将旅行袋放入坑中埋好。在司机埋钱的时候，马恩探长安排了几名警察在树丛中把守。等埋好钱，司机提着铁锹离开那里，留下警察在远处监视着。

直到第二天中午，警方也未发现坑前有什么动静，而富翁的儿子却平安地回家了。

马恩探长非常奇怪，因为并未发现绑匪取钱，为什么人质却被释放了呢?

警方立刻把埋钱的坑挖开了，让人惊奇的是，旅行袋内空无一文，50 万赎金不知何时被取走了。

负责监视的警察证实，绑匪没有来过，也没有任何人靠近埋钱的地方。

那么，绑匪是如何避过警察的耳目，巧妙地取走了赎金呢?

## Q12　百万现金失踪

一家跨国公司的总经理阿蒙达先生从中东回到家。他的用人刚给他开门，就有他的电话。接了电话的阿蒙达突然惊慌失措起来，原来，他的儿子戴维被绑架了，绑匪要求他准备好 100 万元的现金，用布包好，装到皮箱里，在当天晚上 11 点放在公园铜像前的椅子下面。

阿蒙达为了自己儿子的安全，只能按照绑匪的要求，将现金装入一个黑色皮箱里，放在公园铜像前面的椅子下，然后离开了。

当然，聪明的阿蒙达在这两个小时之前就布置了埋伏在附近的警车和几个化装成一般市民的警察。

过了十几分钟，一个穿毛衣的年轻女郎走来，拿起椅子下的皮箱，快步离开公园。她一副对周围人毫不关心的样子，好像不是在做坏事一样。

出了公园，只见那个女郎走了一会儿，拦住一辆出租车，坐了进去。埋伏在附近的警车立刻开始跟踪这辆出租车。不久，出租车停在地铁站的入口处，女郎提着黑皮箱下了车，警车上的两个便衣警察也跟了上去。

女郎把皮箱寄放在地铁站的寄存处，双手空空就离开了。

两个便衣警察一个留下来监视存物箱，另一个继续跟踪女郎。

女郎来到地铁月台，好像发现有人跟踪，当地铁门要关上时，她突然跳了进去。跟踪的便衣警察没有办法上车，只好眼睁睁看着她逃走了。

但皮箱还在地铁车站的寄存处，她的同犯一定会来取的。便衣警察严密地监视着那个存物箱。

然而，过了几个小时，仍没有人来取，警察感到奇怪了，就向存物处的管理人员出示了证件，让他打开那个存物箱。

警察打开黑皮箱，发现里面空空的，根本就没有现金！那 100 万元现金不翼而飞了！

请问，那 100 万元现金是被谁、在什么时间、怎样取走的？

## Q13 打破的金鱼缸

炎热的夏天，山上的避暑胜地挤满了人。

特达维尔公司里的上班族还在辛勤地工作。下午 3 点钟，公司销售部门的彼得被总经理叫到办公室。

“卡特先生怎么还没有来，我正有事要找他，你到他的住所去看看。”总经理对彼得说。

虽然天热得要死，彼得还是得到外面去找卡特。

路上，来往行人很少，也许都躲到空调房间里去了。彼得开着自己的轿车，来到卡特先生的寓所。公寓管理员歪坐在会客室里正在打瞌睡。

彼得没有叫醒他，一个人走到电梯口，电梯里没有一个人。彼得走进电梯，上了 4 楼，走到卡特的 404 房间，轻轻敲了敲门，里面并没有反应；他又用拳头使劲敲了敲门，还是没有声音。

彼得只好又坐电梯回到一楼，叫醒了还在打瞌睡的公寓管理员，公寓管理员一脸不高兴地拿出钥匙，和彼得一起打开了卡特的门。

走到房间里，彼得突然大叫起来，原来卡特倒在朝院子的阳台上，后脑勺被人重重打了一下，后脑外还能看出伤痕。

在卡特的身旁，有个金鱼缸被打碎了，几条金鱼已经死了。金鱼缸原来是放在阳台的圆桌上面，也许是卡特反抗凶手时撞翻在地的。

阳台铺的是排水性极好的水泥地，被仲夏的阳光直接照射着。

接到彼得的报警后，警察立即赶到现场。掉在地上的金鱼却还没干透，这证明金鱼缸被打碎的时间还不太长。如果已经过了好几个钟头，在阳光直射下，金鱼一定会被晒干的。

调查后，有最大嫌疑的就是被害人卡特的表弟。在案发当天上午11点左右，有人看见他悄悄离开卡特家。但这以后，他有确切的不在场证明。

“但如果他是凶手，四个小时前离开凶杀现场，阳台上的金鱼应该已经晒干了。”警察奇怪地说道。

“不，他利用了一个诡计使金鱼不被晒干。这样就可以混淆行凶的时间，让自己脱身了。”侦探威廉立即识破了凶手的诡计。

请问凶手是如何伪装的？

## Q14 飞机上的罪犯

考克拉德公司的销售经理迈克要到P市处理商务，一大早，他就来到机场。

今天机场和往常一样，旅客熙熙攘攘，机场的工作人员都在忙着自己的事情。时间还早，迈克先生到咖啡厅要了一杯咖啡，慢慢品尝着。

到了上午9点，离起飞还有半个小时，迈克先生提起自己的行李，来到检票处。这次航班是108航班，看来是满座，检票处已经有许多旅客等着了。旅客们手里拿着机票，一个个接受机场工作人员的检查。工作人员还对行李进行例行检查，并用电子检测器检查大的行李包，保证航班的安全。

迈克好不容易上了飞机，空姐正微笑着迎接每一位旅客。他找到了自己的座位，放好了行李。这时，他才静下心来，观察其他旅客。

旅客中有出差的职员，带着照相机的旅游者，提着文件箱的男人，抱着棉布缝制的大熊猫的孩子，还有一位脚部受伤、拄着拐杖的男子，空姐亲切地扶着他走到座位。

这架飞机可以乘 126 位客人，今天坐满了人。

飞机起飞 30 分钟后，地面控制台接收到这架航班遭劫持的无线电讯。

“这里是 108 航班，机上有一名男子携带步枪，要求飞机听从他的指示。”

机长的报告引起了一阵骚动。

安全人员为此受到很大的打击。由于劫机事件不断发生，每个机场都实行严格的检查制度，尤其像 P 市这样的大机场，还用了最新式的金属检测器，不论行李还是旅客，都必须接受彻底的检查。对打火机都会做出反应的探测器，是不可能将步枪遗漏的。但 108 航班上的劫机者却堂而皇之地把枪支带上了飞机。

于是，飞机被迫听从劫持者的指示，飞离原来的航线，飞往别国的机场了。

安全人员将 108 航班上的旅客一个个进行过滤筛选。“啊！是他！”这个劫机犯是谁呢？他的步枪到底藏在什么地方呢？

# Q15　化装的罪犯

冬季的黄昏，太阳早早就落山了。

探长布鲁斯一个人坐在西餐馆用餐，一个白发苍苍的老太太凑了过来，看上去是位挺有风度的老人。

“对不起，这个位子有人吗？”

侦探布鲁斯抬起头，看见了这位老人，连忙请她坐下。

老太太在侦探布鲁斯的对面坐下。点了牛排和一瓶葡萄酒。

布鲁斯刚要离开，女招待送来一杯咖啡给他。

奇怪！探长并没有要咖啡呀。

“是第五桌的客人让我给您送来的。”女招待看见探长疑惑的眼神，对他说。探长感到吃惊，他朝第五桌望去，是他的好朋友卡特警长，他正一边喝咖啡，一边看报纸。探长向他打了声招呼，可不知为什么，对方却装不认识他。

对面座位上的老太太吃得正香呢。

不管怎样，别人好心送来咖啡总不能把它倒掉，还是自己趁热喝掉算了。喝完了咖啡，布鲁斯把杯子放在桌子上，和对面的老太太搭讪起来：

“艾梅丽雅小姐，你装的老太太还真像呀，差点把我蒙住了。”

老太太先是一惊，然后停下手中的叉子，说：“怎么，您认出了我？探长先生，您是怎么认出来的呢？”

“是坐在第五桌的卡特警长告诉我的，你化装成这样，不会是想在这里干坏事吧？我得去提醒一下这里的老板。”

说完，探长离开了座位，走向第五桌，和卡特警长一起出了门。

留在那里的艾梅丽雅小姐百思不得其解，在离得那么远的座位上，卡特警长是用什么方法告诉探长自己是化了装的呢？送咖啡的女招待当然更不可能用什么其他通信手段。

艾梅丽雅苦思了好久，下意识地看了一下餐桌，注意到了探长喝过的咖啡杯。

“噢，是这样，不愧是警长，他可真有办法呀。”你知道警长用了什么方法吗？

## Q16　通风扇在旋转

这天夜里，星星很少，H 小镇上的人都睡着了。

突然，小镇东头冒起了浓烟，烟越来越大，又出现了火光。过了一会儿，在小镇的西头也能看见火光了。不好了！失火了！

小镇上一下就吵闹起来，人们纷纷拥到大街上。是莲花大厦失火了！

消防车出动了。火灾是在大厦的二楼发生的，从烧毁的现场中发现了一具烧焦的男尸。

火是从二楼的会计室烧起来的，这间会计室是阿查和特龙两人合用的，有 70 平方米大，只有一扇门通往走廊。

这天晚上，两个会计师都留下来加班。到了晚上 9 点左右，特龙先回家了，只留下阿查一个人。火灾警报器在深夜 11 点半发出警铃声，值夜班的警卫立刻携带灭火器赶到二楼灭火。可是，房间门从里面锁上了，警卫用力推也推不开，想用东西砸开，可是身边又找不到任何可用的东西。

十分钟后，消防车赶到了，当消防员接上消防管时，火已经烧得很大了。消防员费了九牛二虎之力，才把大火扑灭，他们在火灾现场发现了会计师阿查的尸体。

会计师阿查这个人向来谨慎，深夜一个人留下来加班，都要把门锁上，连窗户也紧闭着，上了锁，所以等于完全是在密室中。只有他让人装在窗户上方的小通风扇在旋转。也许是因为阿查有抽烟的习惯，为了换气，而让它旋转的吧。

但通风扇靠近特龙的办公桌，距阿查的办公桌稍远。

消防队员并没有查明起火的原因，甚至连起火的位置也无法确认。这间办公室里没有煤气灶或煤气取暖设备，也没有发现定时引火装置。另外，也没有电线走火的痕迹。

要说有火源，只限于阿查所抽的烟。但如果是阿查忘了掐灭烟头而烧到文件，燃烧的速度也太快了。

火灾警报器响时，警卫马上赶到，室内就已成了一片火海，火舌从门缝底下冒出，阿查连打开门锁逃出去的时间都没有。

警方对于火势蔓延的速度感到怀疑，仔细检查被烧毁的四周，终于找到了疑点，立刻判断出："这是巧妙的纵火！"

于是，警方以纵火杀人的罪名逮捕了会计师特龙。

特龙到底使用了什么诡计，能在密闭的办公室里纵火呢？

## Q17　失踪的客人

上午从名古屋站发出的特别卧铺列车"朝风号"，原本应该是0点正点到达终点下关车站，可是车厢内的一名乘客失踪了。

列车从名古屋站发出不久，列车员检票时，那个乘客已换上了车上准备的睡衣，正在叠换下的西服。

而第二天早上，当列车到达广岛，列车员来整理床铺时，那个乘客的铺位是空的。因为皮箱还在，所以列车员以为他是去厕所或者盥洗室了。

然而，到了终点站下关，仍不见那个人的身影，列车员便报告给了本田警长。

“因为门不是手动的，所以不会是深更半夜去厕所或睡迷糊了而从车门掉下去，肯定是在冈山、福山或三原车站停车时，到站台去而被车丢下了。”列车员对探长说。

“可没有接到任何车站的联络信息，如果是在中途站被绑匪强行带下车，那么穿睡衣不是太显眼了吗？”探长对这一失踪案件也直摇头。

遗留物只有一只皮箱和一本周刊杂志及在名古屋站买的一盒点心。打开皮箱一看，里面装着一身西服、衬衣、领带及一套洗漱用具。西服上衣的口袋里有万元现金和笔记本，名片夹里有名片和月票。

根据名片夹里的名片和月票得知，失踪者是银行分行的代理行长小林清二岁。“遗留物只有这些吗？”“是的，只有这些。”

“看来此人既不是被绑架，也不是被车丢下了，而是本人故意失踪的。如果是银行的人，那一定是贪污巨款躲藏起来了。”探长坚定地说。

请问：探长究竟有什么证据下这样的判断呢？

## Q18　神奇的辨认术

一天下午，一家古董店的老板发疯般地跑进警察局，气急败坏地对查理特探长说：“太可怕了，不过几分钟时间，我就倾家荡产了！”

原来，他的一位老朋友来看望他，他知道这位老朋友酷爱古董，就把最珍贵的一只银杯拿出来给他观赏。别看已有数百年的历史，这只银杯仍然光彩照人，像新的一样，老朋友捧着银杯爱不释手，最后，还是恋恋不舍地告辞了。

老板送走老朋友，刚想把杯子放回保险柜时，身后传来一阵急促的脚步声，还没等他回头，就听见有人吆喝：“别回头，你一动我就开枪。”随后，来人用枪管顶着老板的脊背，命令他把银杯从肩上递给他。

探长点点头，问：“你没有回头？”“是的。”“后来呢？”老板哭丧着脸说：“后来我听不到动静，回头一看，他早已无影无踪了，我就直接朝这里跑来了。”

探长安慰老板说：“别伤心了，这座城里喜欢古董的没有几个人，罪犯跑不了，他现在还在马路上闲逛呢！明天上午，我会把罪犯给你带来的。”

第二天上午，探长请古董店老板来警察局辨认嫌疑人，老板一进门，就在一大群人里指着一个瘦高个青年大叫起来：“就是他！”

那个瘦高个青年跳起来说：“你不能随便诬赖好人，拿出证据来！”老板讲出一番话来，高个子青年傻了眼。

明明老板当时没回头，怎么知道他的长相呢？

## Q19　不幸的斯嘉特小姐

杰克先生是个乐于交际的人，常在自己的别墅里举办各种酒会。

初春的一个周末，杰克先生的别墅里热闹非凡，又在举办盛大酒会。来参加的人大多是商界的富豪和电影界的明星，当前最走红的女影星斯嘉特在众人的簇拥下来了。

杰克先生刚认识的女侦探迈克也来了，她在这些明星中显得不那么起眼，好在这也符合她的工作特性。

女士们喝得兴致很高的时候，杰克先生拿着照相机走到女影星斯嘉特面前："斯嘉特小姐，今天是个特殊的日子，我给您照张相，怎么样？""那当然好，我已经很久没在这里拍过照片了。"斯嘉特小姐倒也爽快。

"在那棵橡树下拍吧。"说着，杰克先生就拉着斯嘉特小姐走到一棵高大的橡树下。"好，靠左站一点，再过去一点。好，要照了。"说完，杰克先生就要按下快门。就在这一刹那，站在门口的杰克夫人手中的玻璃酒杯掉在石头台阶上摔碎了。

更巧的是，几乎就在听到酒杯破碎的同时，人们听到了一声枪响。站在橡树下的斯嘉特小姐倒了下来，一颗子弹击中了她的头部。"子弹是从二楼射出的！"来宾纷纷嚷道。

侦探迈克快步冲上二楼，发现二楼的书房里坐着一个双眼缠着纱布的男人。"他是我的儿子鲁本，一星期前在山上打猎，不幸双目失明。"杰克先生也冲了进来。

书房的窗子是开着的，桌子上放着一把手枪和一把老虎钳。"刚才那枪是你打的吧！"侦探迈克问鲁本。

"你难道也和我一样是瞎子吗？"鲁本非常生气地说，"我眼睛看不见，即使可以扣动扳机，怎么可能瞄准呢，侦探？"

迈克转过身问杰克先生："您的儿子真的完全失明了吗？""这里有医院的证明，你不信可以打电话到医院核实。"杰克先生说。

迈克打电话到医院，证实鲁本的确是失明了。"你在楼上发现了什么可疑情况吗？"侦探迈克问双目失明的鲁本。"我在沙发上听音乐，感觉到好像有人悄悄走进这屋子，还有开窗的声音。后来就是很响的枪声，把我吓了一大跳。”鲁本回忆道。

侦探迈克走到桌子前，看见那把老虎钳，觉得有些奇怪，就问：“这钳子是干什么用的？”“我也不知道是谁拿到这里来的。”鲁本说。杰克先生也摇了摇头。

据了解，在枪响的时候，来宾和杰克家的用人都在一楼，没有别人上楼，看来罪犯只能是鲁本。可他是双目失明的人，怎么可能瞄准呢？而且还瞄得那么准。

半小时后，大批警察赶到，他们里里外外开始了仔细的搜查。可没有发现什么别的凶手。侦探迈克把警官叫到一边：“警官先生，开枪的就是鲁本，杰克先生和他的夫人是共犯。”

后来经过警方的调查，果然证实了侦探迈克的判断。你知道杰克先生设下了什么圈套杀害了斯嘉特小姐？

## Q20　细节定生死

一个富商和亨利探长在沙漠旅行。后来，他们遇到了一群游牧的贝多因人，就跟他们一起行走，一起歇息。

有天清晨，富商醒了过来，他揉了揉惺忪的睡眼，开始穿衣服。突然，他发现自己的钱袋不见了，一定是夜里被人偷走了。贝多因人的头人听到这个消息，非常痛心。因为他常常告诫他的族人永远不能做贼。

他对富商说：“我的朋友，如果我的族人拿走了你的钱，我保证一定在太阳落山前把钱交还给你。”头人和亨利探长商量破案的办法后，把他的族人集合在一起。

“我要在你们中间找出偷金币的贼。”他说，“你们每一个人都必须轮流到我的帐篷里去，拉一拉我那驴子的尾巴。要知道这头驴是非常聪明的，如果小偷拉它的尾巴，它就会大声叫。”

所有的族人一个接一个地进入头人的帐篷。大家都一声不响，竖起耳朵听着。当最后一个人从帐篷里出来时，驴还是一声没叫。

富商心里想，这下金币一定找不到了。这时，头人让族人站成一排。“现在，你们都把手伸出来！”他命令道。

然后，头人从他们面前走过，一个接一个地嗅了他们的手。他走到队伍的末尾时，站住了。

他把最后一个人的手嗅了又嗅，慢慢抬起头，盯着这个人大声说：“你就是贼！还不把钱拿出来！不然，我就按照族规杀了你！”

那个人乖乖地跑到树边一块大石头旁，把藏在下面的钱袋挖了出来，交给了头人。

请问这是怎么一回事呢？

## Q21　骗取钱财的人

日本一艘游船倾覆在海湾里，溺死了许多乘客。

救护队的队员对每一位淹死的乘客都要验明身份，以便通知他们的家属。

有的女乘客的牙齿是黑色的，但这并不是蛀牙，过去日本女子一结婚，就要把牙齿染成黑色，还要把眉毛剃掉。

当他们查到一个牙齿是白色的女乘客时，却怎么也找不到她的证件，可能是在水中丢失了。救护队员在她的包裹里发现了两包黄金，他们就向各地发出带头像的告示，让她的亲戚前来认领。

果然，几天后，有两个男人前来认尸。其中一个自称佐助，是个木匠。他说，死者是他的妹妹，叫阿慧。她下个月就要和同村的一个男青年结婚。这次她特意从家里赶来，是为了接受朋友的祝贺。那两包黄金是他父亲卖了自家的地，准备给妹妹做陪嫁费用的，没想到碰到这么倒霉的事。

另一个男人是个武士，名叫赤木正次郎。他说，这个女人是她的妹妹，叫雪代。她去年嫁给了一个地主，现在决定离开他，这次她是特意来投奔赤木正次郎的，所带的两包黄金是她的离婚赔偿费，没想到在船上发生这种惨祸。赤木正次郎说到这里，伤心地流下了眼泪。

松田探长进来后，围着躺在地上的女尸转了几圈，让两个男人把刚才的话再说一遍。

等这两个男人说完后，他用手指着赤木正次郎，厉声说："你这个贪心的家伙，竟敢冒充死者的家属来骗取钱财！"赤木正次郎一听这话，顿时有些惊慌。

他很快镇静下来，用同样不客气的口气说："你凭什么说我是假的？你能拿出什么证据？"探长说了一个证据，使赤木正次郎无话可说。请问：探长拿出了什么证据呢？

## Q22　女大学生的求助

一天，一个女大学生来向吕兵兵探长求助。

“别急，你先把具体情况说一说吧。”“上个星期三的晚上，我妹妹在自己公寓的房间里煤气中毒了，煤气取暖器的接管松掉了，造成煤气外泄。奇怪的是，门窗的缝都用胶带贴上了。”

“胶带是贴在门窗里面的？”“是的，警方认为胶带是我妹妹自己贴的，从而断定她是想利用煤气自杀，因为凶手不可能从外面把胶带贴在门窗里面，当然就排除了他杀的可能性。”

“即使这样，你还是坚信你妹妹是被别人谋害的？”“是的，我最了解她了，她是一个坚强的女性，决不会向困难低头，再说，最近她也没有碰到什么非常棘手的事情，她向来有什么事情都会跟我说的。”

“这么说，你一定知道她近来有什么可疑的朋友了？”“我妹妹去年交了一个男朋友。最近，他们不知道为什么事情经常争吵，我曾经问妹妹是什么原因，可她一听到我问就要哭，我也不好再问下去了。”“这个男子是谁？”“是和我妹妹同一间大学的山田，我见过他几次，这个人给人的感觉不太好，也不知道我妹妹到底喜欢他什么！我想一定是他用诡计谋害我妹妹的。”女大学生伤心得说不下去了。

探长被她的真情感动了，答应接受她的委托。

第二天，探长在这位女大学生的带领下，前往公寓调查。妹妹住的是两室一厅，卧室不太大，门窗四边内侧贴着宽条的胶带，一点缝隙都没有，凶手走出卧室后再从门外贴上胶带密封缝隙显然是不可能的。

探长又去问楼下的住户那天晚上发生的事情。“那天晚上，好像听到马达转动的低沉的声音。”楼下的年轻主妇回答，“也许是洗衣机或是吸尘器的声音吧？”主妇自言自语地说。

探长想起刚才去看的房间里有吸尘器，还有洗衣机。“小姐，你的妹妹的确是被人谋害的，凶手使用了巧妙的方法，从卧室外面把胶带纸贴在门窗的内侧了。”

请问：这是怎么回事呢？

## Q23　模特的故事

电视女演员小叶子每个周末都到光夫的画室来做模特，然而，现在的她却被枪弹击中，倒在画室的沙发上当场身亡。

光夫以沉痛的表情向探长叙述了案件发生的情景：“8点钟左右，我以她为模特开始画画的时候，妻子端着热咖啡走了进来，站在旁边看了好一阵子。”

“这时，突然下起雨来，就在下雨后的几分钟里，枪声响了，摆着姿势的小叶子突然摔倒，肩部中弹，已经来不及抢救了。”

“子弹是从哪儿射进来的？”“从那个凉台的窗户。”光夫走到面对开阔庭院的窗户跟前，让探长看打在窗帘上的弹痕。

“因为天气闷热，所以开着窗户，拉上了窗帘，是怕别人从外面偷看模特。”

“被害人每周都以同样的姿势站在同一位置上吗？”“是的。”

探长拉开窗帘到外面查看。凉台上铺有人工草坪，凉台扶手栏杆上有支手枪牢固地固定在那里，枪口对准画室的窗户。那是支短枪。

凉台扶手上的栏杆被雨水淋得湿漉漉的，手枪也同样是湿漉漉的。凉台的地上有个软木塞，探长拾起软木塞闻了闻，发现上面带有一股火药味。

“枪响的时候，夫人在画室吗？”探长认真地追问。“是的，她站在我身旁，一直在看着我作画。当模特肩部中弹倒下去时，我妻子当即昏了过去，现在由医生打了针镇静剂，正在卧室里休息。”“家里还有其他人吗？”“没有，就我和妻子。不过我妻子不太喜欢小叶子。”

“那么，是你妻子蓄意杀人。”请问：探长为什么这么说？

## Q24 玉器店赃物

这天中午，不知道为何，品茗玉器店的生意格外好，大家都在忙着挑选中意的玉器。正在这时，一名打扮斯文的女子走入店内，趁人不察觉的时候，在橱窗内偷了一条价值 5000 多元的玉项链，立即夺门而逃。

顾客及店员见状，立即从后追赶。这时，一名正在附近巡逻的警察闻声赶到，加入追捕行列。

最后，警察终于把该名女子抓获，但搜查全身，仍找不到赃物，正在准备放走她的时候，督察陈安带来了三名女性嫌疑人同伙，她们身上都有一条玉项链。几经调查，终于发现真正的赃物是在其中一人手上。你知道赃物藏在哪个人的手上吗？

（一）浓妆艳抹的风尘女子，手袋内发现一条该公司纸包着的玉项链。

（二）一名头戴丝巾，身穿破衣服，精神似有问题的女子，颈挂玉项链。

（三）一名在横巷内行乞的盲眼女子，身旁的小孩正在玩着一条玉项链。

## Q25 真正的凶器

在一幢简易公寓里，两个流氓打了起来。住在邻室的一位妇女听到后，立即给警察局打了电话，两位警察很快赶到了现场。他俩破门而入后看到，其中一个流氓头被打破，已经死去。

从伤口看，死因是受钝器猛击。可是问到嫌疑犯萨姆时，他拒不承认是自己干的。警察在这间连像样的家具都没有的屋子里搜了半天，连个可口可乐瓶子都没找到，要说像凶器的钝器，只有一个空菠萝罐头盒子，而且还被压扁扔在地上。

“你是用这个罐头盒打的他吗？”“笑话！你们相信这空罐头盒能置他于死地吗？”萨姆摊开双手，做出若无其事的样子说道。

确实，用这么一个空空如也的罐头盒子，是不可能把一个大活人打死的。

据那位住在隔壁的妇女说，萨姆在案发后一步也没有离开过房间，而且也没有向窗外扔过什么物件。

那么，他到底用的什么样的凶器，又把它藏在哪儿呢？两位警察请来了大胡子探长。探长稍微考虑了片刻，突然把萨姆的胳膊扭到背后，请一位警察朝他的腹部猛击。萨姆因受到袭击，疼痛难忍，“咳、咳、咳……”地呕吐起来。“怎么样，萨姆，还假装不知道吗？”说着，探长指出了真正的凶器。请问：凶器究竟是什么呢？

## Q26 神偷手的秘密

国际大酒店的经理苏珊刚要下班，助手罗伯特匆匆走进她的办公室说道：“你听警方说了吗？电视上著名的‘神偷手’已经来到咱们这儿了，可能会盯上咱们酒店里的那些有钱人。”

苏珊一惊："他到底有什么本事，能让大家这么害怕？"罗伯特说："据国际刑警组织掌握的材料，他身高在1米7到1米9之间；惯用的伎俩是不付账突然失踪，紧接着旅客会报案大量钱财失窃；他经常化装和用化名。"

苏珊摇摇头，说："够吓人的！我们怎么办？如果窃贼真的住在我们旅馆里的话，你要多加防范。昨天电影明星格兰包了一个大套间，她戴了那么多钻戒，肯定会是个目标。大后天早晨还有位阿拉伯酋长来住宿，你派人日夜监视，千万别出差错。"

"是的，我已经采取了措施。根据国际刑警组织提供的报告，我们旅馆有几个单身旅客身高在1米7到1米9之间，第一个是从耶路撒冷来的斯坦纳先生，经营水果生意；第二个是从伦敦来的勃兰克先生，行踪有些诡秘；第三个是从里斯本来的企业家比尔曼；第四个是从科隆来的曼纽尔，身份不明。"

"这么说，其中每个人都可能是'神偷手'？"

"可能，但您放心，我一定不让窃贼在这儿得手。"罗伯特胸有成竹地答道。

过了两天，第三天上午，那位阿拉伯酋长住进旅馆。罗伯特在离服务台不远的地方值勤，暗中观察来往旅客。

只见斯坦纳先生从楼上走到大厅，在沙发上坐下，取出放大镜，照旧读他从耶路撒冷带来的《希伯来日报》。下午3点，勃兰克和曼纽尔相继离开了旅馆。到了下午4点30分，电影明星格兰小姐发现她的手镯、珠宝都不见了。

罗伯特顿时紧张起来，向警察局报了案。福克斯探长来了，他在思考谁是窃贼。

这时，他把目光落在斯坦纳身上。斯坦纳好像根本不知道发生了什么事，仍正襟危坐，聚精会神地借助放大镜看他的报纸，目光从左到右一行行往下移。

突然，福克斯探长眼睛一亮，把斯坦纳请到了保卫部门。经过审讯，果然是斯坦纳干的。请问：福克斯探长是怎样看出斯坦纳的破绽的？

## Q27 沐浴的假象

电影明星玛莉结束了一天的拍摄活动，回到公寓，想安安稳稳地睡一觉。可是楼上房间里传来“哗哗”的自来水声音，一个多小时还不停止，使人难以入眠。

楼上住的是一个同她一样有一头金发的时装模特。可能是她正在沐浴，所以自来水一直流个不停。玛莉忍不住了，拿起电话要求公寓管理员去干预一下。

几分钟后，管理员来到玛莉的房间，说楼上门锁着，叫不开，请玛莉和他一起上楼去看看，因为男子不便闯进女子的浴室。

玛莉跟管理员一起上了楼。管理员使劲用身体把门撞开，玛莉推开了浴室的门，只见那披着金发的女郎赤裸裸地躺在地上，胸口扎着一把刀。淋浴的热水龙头仍在往外喷水，热气弥漫了整个浴室。

他们仔细观察了现场，房间门原来是反锁着的，窗户也紧关着。

女郎竟然自杀了？

“瞧，这儿拴着一根金发。”玛莉指着房门的背面。门的铁闩原本卡在门钩中，现在经过猛力撞击，已经脱落了。

门闩的一端拴着一根金发，门的上面和下面，各扎有一个图钉；下面的图钉上，缠着打了一个结的金发。

管理员说：“这显然是被害人的头发，为什么它会缠在门上呢？”

后来，他们找到了查尔探长，终于找到了答案。请问答案是什么呢？

## Q28　黑钻石的下落

一天，有几个人来到珠宝店，想看一颗黑钻石。

这几个人，一个是制鞋商，一个是船厂老板，年纪最大的是个著名的学者。

珠宝店老板赵源把几位客人领到收藏室，从陈列的架子上取出一只深紫色的檀木箱，小心翼翼地取出那颗黑钻石。客人紧盯着那颗黑钻石赞不绝口，赵源得意地说：“怎么样，这在全市也是绝无仅有的吧！”

老学者问：“你能不能详细给我讲讲这颗黑钻石的来历呢？”

赵源点点头，把黑钻石放回箱里，盖好箱盖，然后用一张涂满糨糊的纸条把箱子封好。

接着他把客人引到豪华的客厅，刚要叙述黑钻石的来历，忽然发现，这几位客人的右手指都有小伤，而且都涂抹过碘酒。

谈话间，客人都先后出去上过厕所，但回来后，又继续加入到那趣味盎然的谈话中了。

一会儿，赵源的好朋友李丁探长来访，说也想看看钻石，赵源让先来的客人稍坐，自己领着探长来到收藏室。

赵源撕下那张湿漉漉的白纸封条，打开檀木箱一看，顿时吓呆了，檀木箱子里的黑钻石不见了！他哭丧着脸说："半小时前，黑钻石还在檀木箱子里呢！对了，每个客人都离开客厅上过厕所，只有在那段时间里才能进入收藏室……"

赵源来到客厅，把黑钻石被盗的消息告诉了几位客人。

探长注意看他们每个人的变化。蓦地将目光落在老学者的右手说："就是你盗窃了黑钻石，快交出来吧！"请问：这是为什么呢？

## Q29 毒针的轨迹

一天早晨，修道院的修女索菲娅躺在高高的钟楼凉台上死去了，她的右眼被一根很细的毒针刺过。这根带血的毒针就落在尸体旁边，像是她自己把毒针拔出之后死去的。

钟楼台下的大门是上了闩的，大概是索菲娅怕大风把门吹开，在自己进来之后关上的。因此，凶犯绝不可能潜入钟楼。

凉台是在钟楼的第四层朝南方向，离地面约有 10 米。下面是条河，离对岸 50 米。昨夜的风很大，凶犯想从对岸把那根针射来，正好射中索菲娅的眼睛是根本不可能的。

院长认为索菲娅的死是自杀，又觉得自杀是违背教规的行为，虔诚的索菲娅不会出此下策。

院长为此专程去请来尼可探长。看过现场之后，她向探长介绍了死者的身世和爱好："索菲娅家里很富有，她有个同父异母的兄弟。今年春天，她父亲去世了。索菲娅准备把她应分得的遗产全部捐献给修道院，但遭到那异母兄弟的反对。她除了观察星象之外，别无爱好。"

“而且，据别的修女反映，不久前索菲娅的异母兄弟曾送给姐姐一个小包裹，案发后整理她的房间的时候，那个小包裹却不见了。会不会是凶犯为了偷这个小包裹而把她杀了呢？”

探长静静地思索了一阵，对院长说：“如果把那条河的河底疏浚一下，或许能在那里找到一架望远镜。”

院长照探长的建议做了，果然在河底找到了一架望远镜。请问：这和杀人案有什么关系呢？

## Q30 杀人的方法

警长尼特先生在高速公路上开着警车巡视着。突然，警车里的无线寻呼机响了，看来又有案子了。

果然在道格拉大街的高级公寓里发生了枪杀案，女演员拉玛被人用枪击中了。

尼特警长赶紧开着警车赶到现场，在高级公寓最高层的 7 号房间里，拉玛躺在地板上，身旁有一支消音手枪。

片刻后，救护车来了。还好拉玛只是昏迷过去了，救护人员把她抬到救护车上。

“这凶手是从什么地方进来的呢？是从房门进来的吗？”尼特警长问。

拉玛的男朋友回答说：“不可能，我进来时房门就是反锁着的。”

尼特警长看了看整个现场，除了几扇窗，就没有可出入之处。因此，他判断凶手是从窗口进来，行凶过后，丢下枪，再从窗口出去的。但是，窗户上装着铁栏杆，凶手是无法从窗户进来的。

那么，凶手是在什么地方行凶的呢？站在外面窗台上？窗台离地面又很高，不架梯子人是根本上不来的。再说，那么长的梯子是很难弄到的。

尼特警长和其他几个警察都对这案子束手无策，他们只好去请李丁探长帮忙。

探长来了，只见他把屋子里里外外都仔细地检查了一遍，特别对阳台观察了很长时间。他回到房间里坐了下来，说：“手枪在拉玛的身体旁，乍看起来，好像是在这间房间里开的枪，但其实子弹是从窗外射进来的。窗户的插销没插好，开枪后，凶手把手枪从铁栏外扔进屋里，再把窗户关好。这样，就可以把房间伪装成犯罪现场……”

尼特警长说：“这房间的窗离地面这么高，犯人是不可能从地面爬到这间房子的阳台上的。”

探长笑了笑，说：“他可以用别的方法呀！”你知道凶手用的什么方法吗？

## Q31　故意伪装

南非土著黑人姑娘莉沙在一个有荷兰血统的白人家里当用人，这家主妇是个爱唠叨的孤老太婆，因工钱还好，莉沙只好忍气吞声地在她家干活。

一个酷热的傍晚，莉沙干完活正准备回土著人居住区时，被女主人叫住，没完没了地唠叨起来，莉沙一气之下顶撞了女主人，老太婆便暴跳如雷，大声骂道："你一个黑鬼，竟敢顶撞我……"

由于过分激动，老太婆突然心脏病发作，当场一命呜呼了。

惊慌失措的莉沙本想马上去叫救护车，可又立即打消了这个念头。她想到刚才受到老太婆的训斥，担心如果警察知道了此事，肯定怀疑是她杀害了老太婆。

于是，她把老太婆的尸体拖进厨房，把窗户关好，再打开大型电冰箱的门。这样，电冰箱内的冷气就可以降低室内温度，把尸体冷冻起来，待第二天莉沙来上班时，再把冰箱门关上，窗户打开，让厨房恢复常温，然后，她可以装作刚刚发现尸体的样子去报案。

何况，老太婆与附近的邻居没什么交往，今天一个晚上也不会有人到她家里来。如果让电冰箱里的冷气整个晚上吹着尸体，尸体的变化状态就会与常温下的变化状态不同，势必会给推定死亡时间造成一定的难度。这样，自己被怀疑的可能性就会大大减少。请问：她伪装现场成功了吗？

## Q32 细微的破绽

一天，日本某公司召开董事会议。上午 10 点，董事们陆续来到了会议室。肥胖的董事长刚要坐下，脚底一滑，险些摔倒，他立刻用手抓住椅背。

椅子倒下了，发生了很大的响声。秘书急忙弯腰扶起椅子，这时，他发现桌子背面好像有什么东西，一把将其揪下来放到桌上。“董事长，这是窃听用的录音机。”

董事们一齐吃惊地睁大了眼睛。董事长暴跳如雷：“我们公司里有工业间谍，会议停止，马上调查。”

秘书检查着这台微型录音机。他倒回磁带，将录了音的带子重新放音，以此计算时间。“董事长，我估计这是在上午 9 点 30 分安放的。”

一位董事说：“我今天来得较早，乘电梯上楼时，好像看见一个穿着我们公司工作服的女人，在走廊一头一闪而过，眨眼间只看到背影，没看清面貌，也许她就是犯罪嫌疑人。”

“马上命令各科科长，在自己科里调查一下，把上午 9 点 30 分离开科室的女职工全部带到这里来。”董事长严厉地命令道。

过了一会儿，几名女职员被叫了过来。董事长亲自问她们：“上午 9 点 30 分时，为什么离开自己的岗位？”

第一个回答的是总务科的本原久子：“我在一楼休息厅，挂了一个私人电话，因为公司内的电话禁止私人使用。”“为什么穿着球鞋呢？本公司规定只准穿皮鞋。”“今天早上上班时，车上太挤，把脚脖子扭伤了，一走路就疼，所以换了双球鞋。”

第二个回答的是经理科的一位女职员：“我到药房买药去了。”接着她拿出了药品。她穿的是皮鞋。最后回答的是人事科的一位女职员，她穿着高跟皮鞋。她说：“我献血去了。”“那么，请把献血卡给我看看。”“医生说我贫血，不能献血。”

秘书打开了微型录音机的开关，录音机转动起来。开始时一片静寂，随后响起了轻微的关门声。

这时，聪明的秘书开腔了："我已经知道你们中谁是罪犯了。"请问：这个人是谁呢？

## Q33　消失的轮胎印

"嘟，嘟……"一伙大盗在偷盗金字塔里的木乃伊时触动了警报器。"快向警察求援！快……"警察接到报警，立即驾驶警车向大盗逃跑的方向追去。

这次追击行动由警长阿法默负责，他是个老警察了，很有经验，多次受到上级的嘉奖。

大盗是向沙漠中心逃跑的，如果沙漠里刮起大风沙，风沙会随着风移动，把卡车车轮印覆盖上，这样警方就很难追踪了。

幸好这天沙漠里没有大风，大盗的卡车轮胎的痕迹清楚地印在沙漠上。警长阿法默说："我看你们今天逃到哪里去！"

警车在干涸的沙漠里飞驰。然而，当他们来到沙漠中央时，眼前的卡车车轮印突然消失了！也没有卡车向前开的痕迹。这怎么可能？难道卡车飞到天上或者钻到沙漠底下去了？

"是因为这里发生了龙卷风，把卡车卷到空中。"

"不可能！我们一直在收听车里的气象广播，并没有龙卷风的报道。"

"奇怪！难道是他们一边逃跑，一边从车上撒下沙来掩盖车轮印吗……"警长阿法默猜不出卡车车轮印消失的原因。

后来阿法默遇见了西西比探长。西西比探长告诉了他原因，他才恍然大悟。请问：大盗究竟使用了怎样的诡计消除了卡车车轮印，从而逃走的呢？

## Q34 保险柜密码

霍姆很富有，但他从不把钱存进银行，而是锁在卧室中的保险柜里。保险柜的密码只有他一人知道，号称“神偷”的希金森一直想把老头的钱弄到手。

于是，他在老头住处对面的一幢大楼里租下了一间公寓，窗户正对着老头卧室的房间，他整天举着高倍望远镜，监视老头的一举一动。

一天，他看到老头从写字台左边的第二个抽屉中取出一把钥匙插进保险柜的钥匙孔，对准号码盘，拨了数码，将钥匙转了一圈，打开了保险柜。

第二天傍晚，希金森潜进老头房间，从写字台抽屉里取出钥匙，按照昨天看到的程序，对准号码盘，将数码拨到昨天的位置，将钥匙转了一下。只听见“咔嚓”一声，他便伸手去拉保险柜门，门却纹丝不动。

正在疑惑不解的时候，背后突然有人问道：“喂，你干什么！”

希金森回头一瞧，李丁探长和两名警察就站在他的身后。

希金森垂头丧气地被戴上了手铐，临走前他问老头：“请告诉我，你这保险柜怎么打不开呢？”

探长笑着从希金森手里取过钥匙，对准号码盘，拨了数码，然后将钥匙转了一下，轻而易举地打开了保险柜。请问：你知道希金森为什么打不开保险柜吗？

## Q35 侦探断案

纽约的夏天出奇地热。在这样的夜晚，比起廉价旅馆那张床，还是在公园的长椅上睡觉更舒服，因为这里有凉风。

探长克劳恩躺在椅子上睡得正香，突然被推醒了。他睁开惺忪的睡眼，看见汤姆正站在他的面前，用一副痛苦的表情看着他。

汤姆原来是一个重量级的拳击手，现在当上了出租汽车的司机。

他见克劳恩醒了过来，急忙说：“我女儿被人谋害了。警察断定是自杀，我不相信他们的鬼话。请您帮我调查一下。”

克劳恩点点头表示会帮汤姆解决。

汤姆这下放心了，他坐在椅子上，慢慢说起事情的经过。

三个小时前，他上完夜班回家后，发现自己的独生女儿海蒂趴在写字台上，他一开始还以为女儿睡着了。可过去一看，女儿已经没有呼吸了。

警察调查后，发现海蒂喝的可口可乐里掺了毒药。他们断定是海蒂自杀。

克劳恩跟着汤姆来到家里，发现海蒂趴着的写字台上有几张零散的信笺，其中一张上面压着掺有毒药的可口可乐瓶子。

汤姆解释说，冰箱里时常会有冰镇的可口可乐，因为海蒂平时非常喜欢喝。克劳恩还发现信笺上写着失恋主题的诗。另外，警察还检查出海蒂已经怀孕了，判断这就是她自杀的动机。

克劳恩读了那首诗，信笺平整光滑，诗是用钢笔写的，字迹娟秀，非常整齐清晰，一点水迹也没有。“汤姆，你看到海蒂趴在桌子上时，可口可乐瓶子是放在这张信笺上的吗？”

“是的，像镇纸一样放在信笺上。”

听到汤姆这么说，探长克劳恩肯定地说：“你女儿的死不是自杀，而是他杀！可口可乐瓶子不是海蒂自己从冰箱里拿出来的，而是罪犯带来的；或是海蒂已经在别的地方中毒，罪犯伪装成海蒂是在这里服毒的。”

你知道克劳恩是从什么地方判断出来的吗？

## Q36　深夜里的昆虫

夏季的一天早晨，警察局接到一个中年人的报警，说他发现邻居山田被人杀死了。

警察局派侦探罗田君去侦查。

侦探罗田君30多岁，虽然年纪不大，可他侦破了许多疑难案件，在警察中有非常高的知名度。

被害人是个年轻人，叫大维。他的房间在公寓的四楼，没有安装空调，南北两面的窗户都敞开着让凉风吹进来，连纱窗都没有安装。

“大维这个人怎么这么节俭。”侦探罗田君自言自语道。

经过法医的鉴定，大维是农药中毒而亡，死亡的时间是在晚上10点至11点之间。现场北面的窗户下摆着一个茶几，上面有一只未加盖的烧杯，里面有装过农药的痕迹。初步分析是他杀。

既然是他杀，那么就要从盗窃、仇杀和情杀三个方面调查。

在三个可能性中，侦探罗田君很快排除了盗窃和情杀两个可能。因为现场没有盗窃的痕迹，而大维现在还没有女朋友。

罗田君进一步调查发现，大维平常暗中给农民放高利贷。不仅他住的这个村子，邻村也有人被他的高利贷压得透不过气来，杀人的动机很可能就是仇恨。

在几个借贷人中，有两个人最恨大维。一个是20多岁的保罗，另一个是40多岁的福尔曼。

据说，这两个人在案发当天的中午，曾请求大维延后还债的日期，但是遭到了拒绝，大维甚至威胁要去法院控告他们借款不还。

侦探罗田君问保罗：“大维是晚上10点左右被人谋害的，那时你在什么地方？”

“昨天中午，我去请求他延缓还债时间，可是被他冷酷地拒绝了。晚上9点左右，我又去他家找他。到了他家门口，我不敢贸然进去，徘徊了一个小时，一直无法下定决心，最后我只好回家去了。”

“有没有人看见你在他家门口徘徊？”

“没人看见。”

“当时大维的房间里亮着灯吗？”

“是的，他的房间亮着灯。我看见他坐在灯下，也不知道他在干些什么。”“他家的围墙很高，你怎么能看到灯光呢？”

“因为那时大门是开着的，斜着望去就可以看见大维的房间了。”

“那当天晚上 11 点左右，你在什么地方？”

“下午我就想请大维的伙计帮忙说个情。晚上 11 点左右，我和他的伙计在大维的厨房里商量还款的事，后来我看太晚了，就把事情拜托给伙计，我自己回家了。”

侦探罗田君再一次搜查了大维的卧室。

他看到打开的窗户下，有很多金龟和蚜虫的尸体散落在茶几上，烧杯附近最多，这下真相大白了。你知道谋害大维的凶手是谁吗？

## Q37 奇妙的方法

湖滨旅馆是家四星级宾馆，最近是旅游旺季，客人特别多。

爱伦姑娘乘电梯时，看见一对穿着入时的夫妇时，吃了一惊，他俩虽然戴上了大号的太阳镜，但那女人的嘴型和步态，让爱伦姑娘想起一个叫科特的女刺客，她因为和一次爆炸事件有牵连，正在被通缉。

爱伦姑娘走进自己的房间时，看见那对夫妇走进了隔壁房间。

爱伦想："说不定她不是科特。假如没有弄清事情，就请警察来打扰这对正在度假的夫妇，真是有点不忍心。不过，如果能弄清楚他们在说什么，倒是可以给我提供一些线索。"

她贴近墙壁，但只能听到一些分辨不清的微弱声音。她把一个玻璃杯反扣在粉红色的墙壁上，结果仍然听不到什么。

她给服务台打了个电话。

一会儿，进来了一个文质彬彬的中年人，带着一个黑色的小提包。爱伦向他说明了自己的疑虑和打算。

那个中年男人是个医生，听了爱伦的话后点点头，从黑色小提包里拿出一件东西。

不一会儿，他们就弄清楚了隔壁那对夫妇就是正在被通缉的逃犯。于是爱伦和医生马上给警察打了电话。警察赶到宾馆，把科特夫妇抓了起来。

爱伦和医生是用什么办法得知那对夫妇就是通缉犯呢？

## 侦探推理游戏总结

所谓推理能力，就是根据目前知道的情况或者现象，推断过去发生或未来将要发生的事情的能力。侦探案件是高智商者的活动，侦探的思维和行为特征概括来说就是"快半拍"和"略胜一筹"。要使自己想在对方之前，反应在对方之前，行动在对方之前。而应运而生的侦探推理游戏，就是这样一种"想在对方"之前的具有高度激发性的思维游戏，它可以锻炼人的逻辑能力。

有些人可能会说，自己的推理能力并不强。其实通过适当的练习，这一能力是可以提高和改善的，而其中最基本的方式就是学会掌握事物之间的规则和技巧——有些事物与事物之间，表面上看起来没有联系，实际上内部有一定的关联和规律。我们可以通过敏锐的观察力和洞察力收集这种规律，再辅以假设，推断出可能证实假设的遗留线索，最后再将观察力、适度的想象力和严密的逻辑推理结合在一起得出结论，推理方法就很容易掌握了。

在本书出现的侦探故事中，侦探大都是依靠非凡的推理能力来分析案情、抓获罪犯的。我们如果能把这种推理能力运用到工作和生活中，那么在处理问题或办理事情时，就能够迅速反应，用最短的时间找到事件症结，并高效加以解决。即使是面对烦冗复杂的问题，也可以做到应对自如。

# 本章答案

## A1　子弹藏在何处答案

米沙小姐将口红的套子改装了一下，将其套在子弹外面，这样一来套上口红套子的子弹看上去就和普通口红一样了。

## A2　一弹中要害答案

凶手事先把S小姐卧室内的灯泡拧松，并用枪瞄准了电灯的下方，可是S小姐却不知道这些，她在拧灯泡时必定要站在电灯的正下方。当电灯被拧亮时，凶手知道她此时就站在电灯正下方，于是扣动扳机，只用一颗子弹就结束了S小姐的生命。

## A3　比尔先生的侦探术答案

迈克先生自杀时，把手枪的一端用绳子和大石头绑在一起，他扣下扳机死去后，手枪就被石头带入河中。这就是迈克先生要在桥上自杀的原因。

## A4　黄狗身上的卷毛答案

那天晚上，银匠比尔连凶手的人影都没有看清楚，可他却看清了黄狗背上的毛是卷的，这显然是个漏洞。

## A5　芭蕾舞演员的高招答案

卢克斯发现女芭蕾舞演员是用脚尖立着走路。他联想到派翠西亚可能是先穿了芭蕾舞鞋来到现场。晚上8点，她用枪打死菲利浦夫人后，脱去芭蕾舞鞋，换上随身带来的高跟鞋，再踏着芭蕾舞鞋的鞋印逃走。

芭蕾舞鞋的脚尖小，高跟鞋的鞋印大，高跟鞋的鞋印可以把芭蕾舞鞋的鞋印完全盖住。

### A6 花瓶与少女答案

女佣说她亲眼所见，每张钞票的面值都是 100 元，如果是真的，那么一共有 100 张钞票，皮夹子里怎么放得下？这显然是谎言。

### A7 西部牛仔答案

盗牛贼在上午就把牛仔绑在了枯树上，然后用浸湿了的生牛皮绳在他的脖子上绕了三圈，但是并不勒紧，不至于使他立刻死去。他做好这些就回到小镇上露面了。而那勒牛仔的牛皮绳在烈日的暴晒下，会慢慢干燥，一点点缩紧，最后把牛仔勒死了。

### A8 山林里的罪犯答案

凶手就是沃尔特。假如咖啡壶如沃尔特说的一小时前——强盗到来之前就已经在火堆上烧了，那么壶里的咖啡早就烧干了，不可能到这个时候才溢出来。

### A9 谍报员之死答案

谍报头目事先把毒药藏在冰块中。他喝酒时，冰块尚未融化，所以不会中毒。而瑞米喝时，冰块逐渐融化，毒药也逐渐融入酒中。

### A10 无名氏老人的判断答案

小偷偷的 200 英镑都是纸币，这是线索之一。

窗外的邮筒也是线索之一。

小偷偷了钱，走出门不久就被逮住了，可是他身上没有一分钱。他肯定是利用了咖啡馆店前的那个邮筒，只要事先准备一个写有自己名字和地址的信封，得手后把钱装进信封，再把封好的信投入信箱，邮递员就自然帮他把赃款送上门了。

### A11 赎金不翼而飞答案

赎金并没有被取走。

因为司机和绑匪就是一伙的。他趁着黑夜挖坑时，将坑挖得很深，先将旅行袋内的赎金埋起来，然后在上面再埋一个空的旅行袋。警察和富翁绝对没有想到，钱还在那个坑里。

### A12　百万现金失踪答案

真正的歹徒是那辆出租车的司机。

女郎只不过是他的同犯。女郎乘上出租车后，司机把黑皮箱里的一百万元拿出来，再把空皮箱交还给女郎，让她寄放到地铁车站的寄存处，以迷惑警方。

### A13　打破的金鱼缸答案

凶手事先准备了几条冰冻的金鱼，带到卡特的家里。行凶后，他把结了冰的金鱼放在卡特身边，再打碎金鱼缸。

在这么热的夏天，冰慢慢融化，而水已经干了。等彼得和警察到了现场，金鱼还没有干。

### A14　飞机上的罪犯答案

劫机犯是拄拐杖的男人。

步枪被他分解在拐杖里。拐杖通常是铝制的，机场的金属探测器当然会对它产生反应。但是，机场的检察人员以为这是铝拐杖的正常反应，就没有检查拐杖里面。

### A15　化装的罪犯答案

卡特警长在咖啡杯的里面用水无法洗去的油笔写上“老太太是艾梅丽雅”，再倒上咖啡让女招待送给探长。当探长喝完咖啡后，就看见杯子里的字了。

### A16　通风扇在旋转答案

如果通风扇正转，就会把室内的脏空气抽到室外，如果通风扇逆转，室外的空气就会流进室内。

凶手特龙事先让通风扇逆转，用氧气筒把氧气输到室内。当室内的氧气达到百分之三十，阿查的烟头就会突然引燃，一瞬间，室内就会被火笼罩。

### A17 失踪的客人答案

遗留物中没有车票和睡衣就是证据。如果是在深夜穿着睡衣被绑架了，或者在车站被车丢下了，那么，照理车票会留在西服口袋里。由此看来，此人一定是在皮箱中准备了另一套衣服，换上后，拿着睡衣在中途某站悄悄下车躲起来了。

### A18 神奇的辨认术答案

老板在把那只银杯从肩上递过去时，杯子上映出了罪犯的容貌。老板据此辨认出了罪犯。

### A19 不幸的斯嘉特小姐答案

杰克先生用钳子将手枪固定在楼上的窗边桌子上，枪口瞄准屋外的橡树下方。斯嘉特小姐站在橡树下的指定位置，枪就会对准她。

### A20 细节定生死答案

小偷因为害怕驴子叫，所以不敢拉驴子的尾巴；而头人在驴子的尾巴上涂了一层有浓烈气味的油脂。谁的手上没有气味，谁就是小偷。

### A21 骗取钱财的人答案

赤木正次郎说，这个女子是离婚后来投奔他的，而这个女子的牙齿是白的，并没有染成黑的，说明她根本就没有结过婚。

### A22 女大学生的求助答案

凶手给被害人吃下安眠药后，在门的内侧边贴上半边胶带。然后走出卧室，关上门，用吸尘器沿着门缝移动，这样一来，门里的胶带就被紧紧贴在房门上了。

### A23 模特的故事答案

掉在凉台地上的软木塞是个被雨水淋湿后发生膨胀的物体。它原本被固定在凉台栏杆上的手枪扳机处。天气预报准确无误，真的下起了大雨。软木塞吸进了雨水膨胀起来，触动扳机致使枪响。由于射击时的冲力，软木塞落在地上。因被害人每周以同样的姿势站在同样的位置，所以，将手枪瞄准目标后再固定起来，它是很有可能击中目标的。

### A24　玉器店赃物答案

原来那名女窃匪以偷龙换凤的方式，把玉项链交给了横巷内的盲眼女子。她们两人是同党，该女子偷了玉项链后，在附近走了一圈，转入横巷，交给盲眼的女子，她是假装失明的。看见女子被捕后，她立即将项链给小孩玩耍，以掩人耳目。

### A25　真正的凶器答案

凶器是装满东西的罐头盒子。腹部受到猛击的萨姆，由于剧烈疼痛而呕吐。他吐出来的都是尚未消化的菠萝。萨姆正是用菠萝罐头猛击被害者的头部，使其当场毙命的。此后，他立刻打开罐头，把里面的菠萝狼吞虎咽地全部吃光，使之成为一个空罐头盒子。

### A26　神偷手的秘密答案

斯坦纳在看《希伯来日报》，但其实他根本不懂希伯来文。希伯来文与阿拉伯文一样，是从右向左书写的，而他却是从左到右一行一行地往下看，从而露出破绽。

### A27　沐浴的假象答案

是他杀，凶手利用了头发的特征。头发遇热会伸长，遇冷又会缩短，特别是金发，遇热后，每米金发会伸长几厘米。凶手在杀了女郎以后，从她头上拔下几根头发连接起来，一头缠在门闩的尖端，调整好它的长度，使门闩向上斜吊着，另一头挂在门上面的图钉上，再缠住门下面的图钉。这样做好以后，凶手打开淋浴的热水龙头，让水放出来，然后出门，把门关上。此时门闩还斜吊着，没落入门钩。但不用多长的时间，由于热水的蒸汽作用，浴室内的温度上升，头发伸长，门闩就往下落入门钩，造成反锁的假象，使人以为女郎是自杀，凶手便可以从容地逃走。

### A28　黑钻石的下落答案

探长说："碘酒和糨糊碰到一起会变成黑色。你们每人手上都涂过碘酒，而只有你的手上有黑颜色。因此，很明显是你偷了黑钻石。”老学者无地自容，只得从内衣里拿出了那颗黑钻石。

### A29 毒针的轨迹答案

凶手是索菲娅的异母兄弟，他在那架望远镜的镜筒里安装了毒针后，把望远镜送给了索菲娅。那天晚上，索菲娅在同室人入睡之后，悄悄登上钟楼的凉台，想用那架望远镜观察星象。在眼睛贴近镜筒之后，为了对准焦点，就要调节筒内的螺丝，这时，弹簧把毒针射出，直刺眼睛。索菲娅猛地一惊，望远镜便从手中滑落而掉进河里。她忍住剧痛把毒针从眼里拔了出来，而后毒发死去。

### A30 杀人的方法答案

被害人的窗户离地面很高，可离房顶只有二三米，犯人只要把绳子捆在身上，从屋顶吊下来，就可以射击了。

### A31 故意伪装答案

莉沙没有成功。因为电冰箱冷藏室的冷却是利用液体制冷剂汽化时吸热的作用来吸收电冰箱内的热量，再向外散发。如果是室内空调，可以吸收室内的热气散发到室外去。但冰箱内的热量即使排放到冰箱外，也并没有散发到室外去，而是全部积留在室内。这样，冰箱的冷气和热气混合在一起，室内温度丝毫不会降低。相反地，由于电冰箱压缩机得不到休息，进行恶性循环，尸体得不到冷却，反而更容易变质。

### A32 细微的破绽答案

这个人是本原久子。秘书是怎么断定放窃听器的人的呢？首先，他发现本原久子的话有疑点。谁都清楚，早上上班的时间是很紧张的。没出门前，谁能知道自己会扭伤脚脖子呢？等扭伤了脚再回去换球鞋，就得花不少时间，往往会迟到。若是临时在街上买了一双，那换下的皮鞋呢？这些问题本原久子都回避了，没有说清楚。其次，更重要的根据是，只有本原久子穿着没有声响的球鞋，所以开始时，录音机里什么声音都没有。

## A33 消失的轮胎印答案

大盗在卡车后面放了一个大型风扇，他们逃到沙漠中央时，用发电机使风扇转动，吹出强风，这样一来，沙漠上的卡车车轮印就被风吹散了。

## A34 保险柜密码答案

霍姆故意不锁保险柜，希金森对准号码盘和转动钥匙其实是将保险柜锁上了，所以他打不开。

## A35 侦探断案答案

从冰箱里拿出来的可口可乐瓶子，外壁会结有许多水珠。可口可乐瓶子如果放在信笺上，纸张一定会起皱，而且上面的字也会被弄湿，会变模糊的。

## A36 深夜里的昆虫答案

凶手是保罗。保罗说那天夜里大维的房间是开着灯的；而侦探罗田君发现昆虫集中死在烧杯的附近，说明那天夜里房间内没有开灯。因为房间里如果开着灯，昆虫有趋光性，会围着灯泡飞，时间长了，一些昆虫就会死在电灯下。

## A37 奇妙的方法答案

医生从包里拿出的是一个听诊器，用它贴在墙壁上偷听隔壁房间的谈话内容，可以听得非常清楚。

**图书在版编目（CIP）数据**

超脑思维：超越IQ的全脑思维游戏 / 邹夫著. —2版. —北京：中国法制出版社，2020.12
ISBN 978-7-5216-1458-9

Ⅰ. ①超…　Ⅱ. ①邹…　Ⅲ. ①智力游戏　Ⅳ. ①G898.2

中国版本图书馆CIP数据核字（2020）第222164号

策划编辑：杨　智（yangzhibnulaw@126.com）
责任编辑：杨　智　冯　运（654093944@qq.com）　封面设计：汪要军

---

**超脑思维：超越IQ的全脑思维游戏**
CHAONAO SIWEI：CHAOYUE IQ DE QUANNAO SIWEI YOUXI
著者 / 邹夫
经销 / 新华书店
印刷 / 三河市国英印务有限公司
开本 / 710毫米 × 1000毫米　16开　印张 / 13　字数 / 173千
版次 / 2020年12月第2版　2020年12月第1次印刷

---

中国法制出版社出版
书号ISBN 978-7-5216-1458-9　定价：39.80元

北京西单横二条2号　邮政编码100031　传真：010-66031119
**网址：http://www.zgfzs.com**　**编辑部电话：010-66038703**
**市场营销部电话：010-66033393**　**邮购部电话：010-66033288**
（如有印装质量问题，请与本社印务部联系调换。电话：010-66032926）